기독교 문화콘텐츠의 현황과 전망

■ 집필진

　　김경진(백석대학교 교수) | **송태현**(백석대학교 교수) | **이경재**(백석대학교 교수)
　　이경직(백석대학교 교수) | **최태연**(백석대학교 교수)

■ 편찬위원

　　김경진(백석대학교 교수) | **박창균**(서경대학교 교수) | **백순화**(백석대학교 교수)
　　송태현(백석대학교 교수) | **신광철**(한신대학교 교수) | **신국원**(총신대학교 교수)
　　신현호(백석대학교 교수) | **이경재**(백석대학교 교수) | **이경직**(백석대학교 교수, 위원장)
　　임성빈(장로회신학대학교 교수) | **장동민**(백석대학교 교수) | **최태연**(백석대학교 교수)
　　추태화(안양대학교 교수)

기독교 문화콘텐츠 총서_2

기독교 문화콘텐츠의 현황과 전망

2008년 2월 20일 인쇄
2008년 2월 25일 발행

지 은 이　최태연 · 송태현 · 이경직 · 이경재 · 김경진
펴 낸 이　이 찬 규
펴 낸 곳　북코리아
등록번호　제03-01157호
주　　소　121-020 서울시 마포구 공덕동 115-13 201호
전　　화　(02) 704-7840
팩　　스　(02) 704-7848
이 메 일　sunhaksa@korea.com
홈페이지　www.ibookorea.com

값 10,000원

ISBN 978-89-92521-72-7 93230

기독교 문화콘텐츠 총서_2

기독교 문화콘텐츠의 현황과 전망

최태연 · 송태현 · 이경직 · 이경재 · 김경진 공저

북코리아

'현대 경영학의 대부'로 추앙받는 피터 드러커Peter Druker는 다음과 같은 유명한 말을 남겼다. "21세기는 문화산업에서 각국의 승부가 결정될 것이고 최후 승부처가 바로 문화산업이다." 일반 제조업의 평균 이익률이 '한 자리 수' 수준인 반면, 문화 콘텐츠는 평균 이익률이 30%를 넘어서는 고부가가치 산업이다. 우리나라의 경우에 실제로 문화산업의 시장 규모는 GDP 성장보다 훨씬 더 빠른 속도로 확대되고 있으며, '한류 열풍'과 함께 문화산업 수출 규모도 급성장하고 있는 추세이다. 한 나라의 경제를 위해서도 "문화가 중요하다"는 데는 이제 많은 이들이 공감하고 있다.

문화콘텐츠에 대한 중요성이 부각됨에 따라 정부는 문화산업의 발전을 효율적으로 지원하기 위해 2001년에 한국문화콘텐츠진흥원을 설립하여 문화콘텐츠의 제작과 수출에 이바지하고자 하였다. 같은 해에 문화콘텐츠기술CT은 정보기술IT, 생명기술BT, 나노기술NT, 환경기술ET, 우주기술ST 등과 함께 '6대 국가핵심기술'의 하나로 선정되었으며, 2003년에는 디지털콘텐츠/SW솔루션이 '10대 차세대 성장동력산업' 가운데 하나로 선정되었다.

문화콘텐츠의 중요성을 포착한 수십 개의 대학들이 학부 혹은 대학원에서 문화콘텐츠학과를 신설하여 인력을 양성하고 있다. 또한 한국문화콘텐츠학회, 한국문화콘텐츠기술학회, 인문콘텐츠학회 등 문화콘텐츠 관련 학회들도 창설되어 학자들 간에 그리고 현장에서 문화콘텐츠를 생산하는 이들과 함께 활발한 대화와 협력을 이어가고 있다. 각 지자체에서는 문화재단을 설립하여 문화 활동을 지원하고, 지역 축제를 개최하여 지역의 이미지를 고양하고 관광객 유치 등을 통한 지역 경제 활성화를 시도하며, 테마 파크 등을 신설하는 등의 사업들이 진행되고 있다.

기독교계에서도 예배와 교회 문화의 환경이 많이 변화했다. 그 동안 교회는 말씀 선포, 성경 공부, 찬양 그리고 공과 공부에 집중하는 것으로 만족했으나 이제는 다양한 영상을 예배와 교육에 도입하게 되었다. 특히 영상에 익숙한 세대들이 성장함에 따라 많은 교회들이 영상 기자재를 구입하여 활용하고 있으며, 또한 교회 홈페이지를 구축하여 교제와 교육과 홍보에 활용하고 있다. 공과 공부에서도 애니메이션 등 다양한 영상 자료를 활용하고 있다. 그리고 열린 예배가 도입됨에 따라 예배 가운데 다양한 영상과 음악 등 문화적인 요소들이 많이 활용되고 있다. 교회의 문턱을 낮추고 불신자와의 자연스러운 접촉을 하기 위하여 문화 시설을 마련하여 일반인에게 이용하게 한다든지 혹은 문화 강좌를 개최하는 등의 교회들이 많이 늘어나고 있다. 부흥회와 말씀 사경회 중심의 교회 성장에서 이제 문화를 활용한 전도와 신앙 교육의 흐름으로 이동하고 있음을 우리는 목도한다.

우리는 이러한 우리 사회와 교회의 변화를 주목한다. 우리는 이 시대의 문화적 흐름을 분석하고, 하나님의 말씀인 성경과 개혁교회의 신학 및 철학의 유산에 입각하여 우리 시대의 문화에 대한 기독교적 관점을 형성하며, 우리 사회와 교회에 유익한 기독교 문화를 형성하고자 한다. 본서 『기독교문화콘텐츠의 현황과 전망』에서 우리는 현재 기독교문화에서 주요한 장르 혹은 주제인 미술과 이미지, 문학, 영화, 음악, 음식 문화 등에 대해 기독교적인 조명을 시도하고자 한다. 문화의 제작과 비평은 상호간에 끊임 없는 대화, 비판, 격려를 통해서 상생할 수 있다. 우리의 목표는 이 땅에 하나님의 영광을 드러내면서 이웃에게 봉사하는 기독교문화를 발전시키는 일이다. 본서가 그러한 사역에 조그마한 힘이라도 보태기를 소망한다.

2008년 2월 1일
백석대학교 BK21 사업팀

■ **머리말** • 5

음식문화와 이웃사랑: 바람직한 음식문화를 위한 성경적 제언 | 김경진
● **119**

개혁주의 미술론

최태연 | 백석대학교 교수

01 들어가는 말

　　이 글은 종교개혁자 칼빈과 그의 사상을 19세기의 네덜란드에서 발전된 신칼빈주의에 의해 형성된 미술에 대한 관점을 정리하고자 집필된 것이다. 필자는 이 입장을 '개혁주의 미술론'이라고 부른다. 그 이유는 현대 개혁주의의 미술 이해 가운데 가장 뚜렷한 정체성과 영향력을 가진 입장이 바로 이 전통이기 때문이다. 이 글은 칼빈 미술론의 배경이 된 루터, 카를슈타트, 츠빙글리 등의 성상 이해를 먼저 소개한 후, 칼빈, 카이퍼, 로크마커의 미술론의 특징을 요약 정리하고자 한다. 마지막으로 필자는 개혁주의가 실제로 미술사에 끼친 영향을 살펴보면서 이 글을 마무리하고자 한다. 이 글은 칼빈의 저작과 현대 개혁주의 미술론에 관한 연구서를 참고했다. 아쉬운 점은 이 글에서는 개혁주의 전통 가운데 중요한 위치를 차지하는 영국과 미국의 청교도주의 미술론과 한국을 비롯한 기타 개혁주의 전통의 미술론에 대한 연구가 이루어지지 못했다는 점이다. 앞으로 개혁주의 미술론에 대한 연구가 좀 더 풍부한 모습을 드러내려면 여기에 대한 연구가 추가되어야 할 것이다.

02 종교개혁자의 성상이해

(1) 마르틴 루터Martin Luther

종교개혁자 루터는 모든 피조물이 창조주를 드러내는 베일 또는 매개물이라고 보았고 그리스도는 이 세계 속에서 계속 현존한다고 보았다. 그래서 그는 성찬식sacraments 때 그리스도께서 몸으로 함께 현존한다는 '공재설'을 주장했다. 그의 이러한 신학적 입장은 그의 성상에 대한 태도에 영향을 주었다. 루터는 종교개혁 초기에 교회미술에 대한 분명한 입장을 가지고 있지 않았으나 카를슈타트 등의 급진적인 종교개혁자들이 성상파괴를 실행하자 성상을 유지시키는 입장을 점점 더 분명히 하게 되었다. 그의 주장은 다음과 같이 요약될 수 있다.[1]

① 설교된 말씀에 대한 성령의 역사에 의해 강요되지 않고 응답되어야 하므로 성상문제도 폭력적으로 제거되어서는 안 된다.
② 성상의 이미지 자체는 말씀에 의해 하나님의 선하심을 이해하는 것을 방해하지 않는다.
③ 성상이 전혀 없는 것이 더 좋다고 하더라도 성상을 허용해야 할지, 아니면 거부해야 할지에 대해 편파적이지 않는 것이 좋다.
④ 청중들에게 성경의 내용을 기억시키고 더 잘 이해시키는 데 성상이 도움이 된다.

---

1) William A. Dyrness, *Reformed Theology and Visual Culture* (Cambridge: Cambridge University Press, 2004), pp. 52-54.

(2) 안드레아스 카를슈타트Andreas Karlstadt

종교개혁 초기에 루터의 동역자였던 카를슈타트는 루터가 비텐베르크Wittenberg를 떠나 바르부르크Warburg에 피신해 있는 동안 군중을 자극하여 성상파괴운동을 일으켰다. 그는 그리스도의 십자가상은 그리스도의 육체적 고통을 보여주지만, 그리스도의 영적인 고통과 투쟁을 보여주지는 못한다고 보았다. 따라서 그에게 성상을 통한 그리스도의 이해는 오히려 바른 그리스도 이해를 가로막는 장애물이었다.[2] 그는 '하나님은 영'이시므로 오직 영으로만 예배되어야 한다고 믿었다. 따라서 아무리 나무와 금이나 은으로 만들어진 그리스도를 바라본다고 할지라도 그것은 그리스도의 육체적 흔적을 보는 것이지 그리스도의 영적인 고통에 참여하지 못한다는 것이다.[3]

(3) 울리히 츠빙글리Ullich Zwingli

스위스의 종교개혁자 츠빙글리는 루터와 달리 죄에 의해 하나님과 세계의 유비적 관계가 깨어졌다고 보았다. 보이는 세계와 보이지 않는 세계 사이에는 분리가 있으므로 보이는 세계는 보이지 않는 세계에 복종해야 한다고 주장했다. 따라서 보이는 것으로 보이지 않는 하나님을 표현하는 것은 불가능하며 모든 보이는 이미지는 거룩한 하나님 경험으로 이끌 수 없으며 모든 성상은 일종의 착각distraction이거나 우상숭배적idolatrous이다. 따라서 성상은 미신을 낳으며 우리를 그리스도에게 인도할 수 없다.[4]

---

2) William A. Dyrness, *Reformed Theology and Visual Culture*, p. 53.

3) Roland Bainton, *Martin Luther* (Berlin: Deutsche Buch-Gesellschaft, 1967), pp. 180-181.

4) William A. Dyrness, *Reformed Theology and Visual Culture*, pp. 59-61.

03 칼빈의 미술론

(1) 칼빈의 인문주의적 배경

칼빈은 인문주의자Humanist였다. 칼빈은 르네상스 인문주의를 통해서 철학과 기독교 신앙 사이의 긴장과 모순을 조정하고 정리할 수 있었다. 인문주의는 고대의 수사학 전통에서 유래되었다. 이 전통은 언어가 의사소통을 위한 관습적 도구라는 점을 처음으로 간파한 프로타고라스, 수사학을 체계적인 교육학으로 정리한 이소크라테스를 거쳐 로마의 키케로, 퀸틸리아누스 등에 의해 확립되었고 르네상스와 북유럽 인문주의자들로렌초 발라, 쿠자누스, 로이힐린, 위클리프, 에라스무스에 의해 재발견되었다. 인문주의는 고대의 문화유산을 로마 가톨릭교회의 스콜라주의와는 다른 새로운 방식으로 해석할 수 있게 해주었고 종교개혁을 준비하는 데 크게 기여했다. 즉 인문주의는 성경 자체의 언어와 사상으로 돌아감으로써 기독교에 새로운 생명력을 불어넣으려는 운동들과 깊이 연결되어 있었다. 칼빈은 프랑스 인문주의자 르페브르 데타플의 제자였고 에라스무스, 뷔데, 츠빙글리, 부처로부터 성경해석과 신학형성에 있어 지대한 영향을 받았다. 그 결과 칼빈은 그의 저술에서 크리소스톰, 키프리안누스, 암브로시우스, 그레고리우스, 아우구스티누스 등의 교부들과 함께 키케로와 퀸틸리아누스, 호메로스와 베르길리우스, 플루타르크와 세네카를 인용했다. 실제로 칼빈은 1532년 에라스무스가 새로 출판한 세네카의 〈온유에 관하여〉De Clementia에 주석을 달아 자비로 출판하기도 했다.

칼빈에게 언어는 "인간사회를 묶어주는 접착제"로서 인간성humanitas을 구성하는 중요한 요소였다. 그는 히브리어, 헬라어, 라틴어에 정통했으며 성경해석에 대한 그의 수사학적 원리를 '간결'brevitas과 '용이'facilitas로 규정하면서 성경의 철학적이거나 우의적allegorical 해석을 피하고 성경언어의 단순하고 구체적인 파악을 중시한다. 또한 그는 인간의 특별한 감정들을 전달해 주는 언어의 능력을 중시한다. 그래서 그는 그리스도의 말씀의 생생함을 표현해 주는 성경의 수사적 특성을 고려하는 해석을 시도했다. 따라서 그에게 "이것은 내 몸이다"(막 14:22, 고전 11:23)라는 주님의 말씀은 일종의 환유metonymy로서 성찬식의 떡(빵)이 실체로 변화하거나 단순한 언어적 상징을 의미하는 것이 아닌, 그리스도의 실재(임재)를 포함한다는 사실을 가리킨다.

『기독교강요』Chriatianae Religionis Institutio, 1536/1559 제2권(그리스도 안에서의 구속자 하나님에 대한 지식)에서 칼빈은 기독교 신앙과 이성의 관계에 대해 이렇게 설명한다. "초자연적인 은사는 파괴되었고 자연적 은사도 부패되었다. 그러나 이성은 인간을 짐승으로부터 구별하는 충분한 근거가 된다."(제2장 12절) 즉 인간에게 주어진 선과 악, 진실과 허위를 구별하는 이성의 판단력은 비록 약화되고 오염되었지만 하나님의 형상을 가진 존재로 인정된다는 것이다. 더욱 구체적으로 칼빈은 모든 학문, 즉 예술arts과 과학science이 선천적인 하나님의 선물God's gift이라고 말한다. "우리 중 모든 사람이 어느 정도의 재능을 가지고 있으므로 인간의 예리한 능력은 예술과 과학을 배우는 데서 나타난다……. 모든 사람이 스스로 하나님의 특별한 은혜를 인정해야만 하는 이러한 선함은 여전히 보편적이다."(제2장 14절)

뿐만 아니라 칼빈은 예술과 과학의 능력은 성령의 은혜에 의한 것이라고 말한다. "우리는 성령의 가장 뛰어난 은사를 인간의 공동선을 위해 당신의 의지대로 누구에게나 나누어주심을 잊어서는 안 된다……. 인간의 삶에서 가장 뛰어난 모든 것에 대한 지식은 성령과의 교통에 의해 이루어졌다고 말하는 것은 놀라운 일이 아니다."(제2장 16절) 이렇게 모든 인간은 하나님의 동역자이며 예술은 하나님의 창조활동을 재현하는 인간의 창의적 행위라고 칼빈은 보고 있다. 이런 맥락에서 그는 창 4:20-21에서 유발에 의한 예술의 시작에 대해 감탄하면서 이러한 능력을 '성령의 뛰어난 선물'로 간주한다. 그는 비신자들의 학술과 예술에도 하나님의 은사가 나타나므로 그리스도인들이 그것들을 이용하도록 권장한다(제2장 16절). 그러나 칼빈은 동시에 이러한 인간의 은사가 인간을 뒤덮고 있는 죄와 무지 때문에 효과적으로 나타나지 않는다는 점도 간과하지 않는다. 그러므로 칼빈은 예술이 하나님의 뜻에 맞게 되려면 자기애와 야심을 버리고 겸손하게 선함과 사회공동체에서의 책임에 충실해야 한다고 강조한다. 그는 예술이 이 원리를 무시할 때 하나님 대신에 다른 대상을 경배하는 우상숭배에 빠진다고 보았다.

칼빈은 건축이나 예배에서 외적인 미보다도 내적인 거룩함holiness의 미를 존중했다. 회화나 조각의 표현에도 어떤 제한이나 금지를 두지 않았지만, 자연에 들어 있는 창조의 법칙에 대한 존중을 강조했다. 그는 십계명의 제2계명을 이유로 조각을 부정하는 생각을 맹목적 편견이라고 비판한다. 또한 그는 진지성, 조화, 기쁨을 표현하는 음악을 창조적인 음악으로 보았다. 이러한 이유로 그는 성가대만이 부르는 중세의 그레고리안 성가 같은 고정된 성가Catus firmus 대신에 그 당시의 대중의 선율을 채용하여 회중 전체가 부르는 시편찬양을 작곡하게 했다. 그러나 칼빈은 고도의 기교보다는 단순한 표현방식을 선호했다. 한 예로 1541년 칼빈을 따라 제네바에 와서 시편찬송을 지은 루와 부르주아Loys Bourgeois가 다성적인 시편찬송을 더 많이 채용하려고 하자 칼빈은 반대의 입장을 표명했다. 그러나 독일의 개혁파 목사인 네안더Neander에 의해 1680년대로부터 다성부 찬송(다 찬양하여라(21), 아름다운 시온성아(250))을 작곡한 후, 개혁교회에서도 다성음악이 사용되게 되었다.

(2) 일반은총의 미학

종교개혁자 칼빈은 "이는 하나님을 알만한 것이 그들 속에 보임이라. 하나님께서 이를 그들에게 보이셨느니라. 창세로부터 그의 보이지 아니하는 것들, 곧 그의 영원하신 능력과 신성이 그가 만드신 만물에 보여 알려졌나니"라는 로마서 1:19-20 말씀에 따라 하나님의 신성이 만물에 분명히 나타난다는 사실에서 출발한다. 그래서 그는 세계를 '하나님의 영광을 위한 극장'a theatre for God's glory이라고 부른다. 칼빈은 그의 로마서 주석에서 다음과 같이 말한다.

"하나님은 그 자체로 비가시적이지만, 그의 작품과 피조물 안에서 그의 위엄을 보이신다. 인간은 이들을 통해서 하나님을 인정할 수 있다. 이런 이유로 〔바울〕 사도는 히브리서(11:3)에서 세계를 보이지 않는 세계의 거울 또는 표상이라고 부른다."[5]

따라서 그는 우상숭배에 사용되지 않는 한, 세계의 아름다움을 표현하는 예술을 "인류의 공통적인 유익을 위하여 하나님께서 원하시는 자들에게 베풀어 주시는 성령의 지극히 탁월한 은사들"[6]로 생각했다. 그는 당시까지 교회로부터 '세속적'이라고 비판받던 세상(자연, 일상생활)의 아름다움을 그림으로 표현하도록 예술가들을 격려했다.[7]

칼빈은 예술이 죄에 의해 오염되고 일그러진 세상보다 더 높은 현실, 즉 타락 이전의 창조의 아름다움의 일부를 보여주는 역할을 한다고 믿었기 때문에 예술을 높이 평가했다.[8] 그러나 칼빈은 하나님이 창조하신 세계를 통해서 하나님의 영광과 신성을 알 수 있으며 그러한 세계를 미적으로 표현해야 할 수 있다고 생각했다. 그러나 그는 이러한 미적 표

---

5) John Calvin, *New Testament Commentaries: The Epistles of Paul to the Romans and Thessalonians*, trans by Mackenzie (Grand Rapids: Eerdmans, 1973), p. 31.

6) John Calvin, *Institutes of the Christian Religion*, ed. by John T. McNeil (Louisville: Westminster John Knox Press), II. ii. 16; 존 칼빈, 원광연 역, 『기독교강요 (상)』(서울: 크리스챤다이제스트, 2003), p. 333.

7) 에밀 두메르그, 이오갑 역, 『칼빈 사상의 성격과 구조』(서울: 대한기독교서회, 1995), pp. 85-89.

8) Peter Heslam, *Creating a Christian Worldview: A. Kuyper's Lectures on Calvinism* (Grand Rapids: Eerdmans, 1998), pp. 210-211.

현보다 더 분명하게 하나님의 영광을 드러내는 길을 제시한다. 이 길이 바로 하나님의 말씀을 성령의 조명아래 들음으로써 얻어지는 길이었다. 칼빈은 이 들음의 길이 가시적인 세계를 통해 하나님을 아는 일과 무관하거나 모순되지 않는다고 생각했다.

(3) 들음을 통한 완성

아름다운 시각예술의 가치를 부정하지 않으면서 칼빈은 하나님을 완전하게 이해하기 위해서는 말씀을 들어야 한다는 점을 강조했다. 동방교회의 성상을 통한 명상적 신비주의와는 달리 칼빈은 말씀을 듣고 하나님을 가까이 알아가는 인지적 믿음을 중시했다. 물론 칼빈은 성령의 신비를 부정하거나 축소하려고 하지 않았다. 칼빈에게 성령은 언제나 성경과 함께 우리에게 하나님을 알도록 하는 주체였다. 따라서 성경은 '성령의 내적 증거'testimonium internum Spiritus Sancti 아래서 "우리의 주의를 다른 것으로 이끄는 사물을 순전하게 만들 뿐만 아니라, 우리의 무뎌진 눈을 돕는 망원경처럼 그 사물들을 바로 보도록 하는 치료제"[9]로 작용한다.

칼빈은 하나님을 알 수 있는 가장 확실한 길이 성령의 사역(내적 조명)에 의해 성경을 이해understanding하는 길이라고 확신했다. 이미지나 판타지를 통해서 하나님을 알아가는 방법은 인간의 타락한 심성 때문에 불완전하며 불건전하다고 보았다. 그는 성경을 읽고 설교를 들을 때 언어를 매개로 생겨나는 '언어적 상상력'을 인정했고 그 수단으로 수사학을 중시했다. 칼빈은 하나님의 영광이 창조된 모든 세계의 아름다움과 광휘를 통해 드러난다고 확신했다. 그에게 모든 피조물은 하나님의 영광을 드러내는 '거울'이며 '극장'이었다. 칼빈에게는 미술뿐만 아니라, 과학도 하나님이 창조하신 이 세계를 더 잘 이해하고 하나님의 영광을 표현하는

---

9) Calvin, *Commentaries on the first Book of Moses Called Genesis,* (Edinburgh: Calvin Translation Society, 1847), p. 62; William A. Dyrness, *Reformed Theology and Visual Culture* (Cambridge: Cambridge University Press, 2004), p. 73에서 재인용.

수단이었다. 그러나 칼빈은 하나님과 피조물 사이의 간격과 차이를 무시해서는 안 된다고 역설한다. 우리가 모든 방법을 통해서 이 세계를 잘 이해했다고 해서 보이지 않는 하나님을 알았다고 착각해서는 안 된다는 것이다.

동시에 칼빈은 예배에서 시각적 이미지가 보조적인 역할을 할 수 있음을 인정했다. 그는 진정한 예배를 네 가지로 보았는데 ① 사도신경의 고백에서 나타나는 하나님에 대한 믿음, ② 우리의 삶 전체에서 하나님께 봉사하고 복종하는 것, ③ 주기도문을 통해 표현되는 것처럼 항상 하나님께 기도하며 하나님을 피난처로 삼는 것, ④ 성찬식을 통해서 그리스도에 대한 믿음과 설교된 말씀의 언약이 이미지화되는 것이 그것이다. 칼빈은 그리스도의 승천과 재림을 굳게 믿었기 때문에 성찬 때 그리스도의 몸이 임재한다는 생각을 부정하고 오직 성령을 통한 그리스도의 영적 임재와 결합을 주장했다. 그러나 그는 그리스도의 고난과 부활을 기념해서 빵과 포도주를 나누는 퍼포먼스의 이미지가 그리스도와 하나 됨을 이해시키는 데 도움이 된다고 보았다.

04 카이퍼의 미술론

칼빈의 예술관을 더욱 적극적으로 주장하면서 기독교와 예술의 관계에 눈을 떴던 신학자는 네덜란드의 개혁교회의 신칼빈주의자Neo-Calvinist이며 암스테르담 자유대학의 설립자인 아브라함 카이퍼Abraham Kuyper, 1837-1920이다. 아브라함 카이퍼도 예술가가 추구하는 아름다움의 원천이 하나님일 뿐만 아니라, 예술가의 재능도 하나님으로부터 직접 온다는 점을 강조한다.

"하나님은 창조 이후에 모든 것이 좋은 것을 보셨다. 모든 인간의 눈이 닫히고 모든 인간의 귀가 막히더라도 아름다움은 여전히 남고 하나님이 그 것을 보고 들으시는데, 이는 '그의 영원한 능력' 뿐만 아니라 그의 '신성'이 창조로부터 영적으로나 신체적으로 자연물에서 파악되었기 때문이라고 생 각해 보라. 예술가는 자신에게서 이것을 파악할 수 있다. 자신의 예술능력이 심미안을 갖고 있는 데 달려 있음을 예술가가 깨달으면 필연적으로 시원적 인 심미안이 하나님 안에 있다는 결론에 이르게 된다. 그분의 예술능력은 모든 것을 산출하고, 그분의 형상을 따라 사람들 가운데 예술가가 만들어 졌다."10)

카이퍼는 그의 저서들인『거룩한 신학의 백과사전』Encyclopaedie der Heilige Godgeleerdheid, 『일반은총론』Gemeene Gratie, 『왕을 위하여』Pro Rege, 『예술과 칼빈주의』Calvinisme en Kunst에서 일관되게 세계의 모든 영역에 대한 하나님의 왕권과 주권을 강조했다.

카이퍼는 인간의 생명력이 외부 세계로 표현되는 방식을 지적, 윤리 적, 종교적(신앙적), 미적 영역의 4가지로 나누면서 이러한 영역들의 통 일은 오직 생명의 근원자이시고 무한자이신 하나님으로부터 가능하다고 확신했다. 따라서 그는 모든 예술적 표현 역시 무한자로부터 오는 특별 한 충동과 영감에 의해 일어난다고 보았다. 그에 따르면 예술의 가장 풍 부한 원천은 종교이다. 원시 예술이나 고대 그리스의 건축이나 회화, 공 예 등의 조형예술에는 항상 종교가 개입되어 있었다. 비록 그들이 궁극 적인 하나님을 알지 못했을지라도 그들의 종교 감정을 예술적으로 표현 하려고 했던 이유는 근원적으로 하나님의 창조에 있다.

---

10) Abraham Kuyper, *Lectures on Calvinism* (Grand Rapids: Eerdmans, 1994), p. 156;
   아브라함 카이퍼, 김기찬 역,『칼빈주의 강연』(서울: 크리스챤다이제스트, 2002), p. 190.

"하나님이 창조를 끝내고 나서 모든 사물을 보았을 때, 모두 보기에 좋았다. 모든 사람의 눈이 닫혀지고 귀가 막혀지더라도 미美는 여전히 미이며 그리고 하나님은 이러한 미를 보고 들으신다. 왜냐하면 최초의 창조로부터 '하나님의 영원한 능력'뿐만 아니라, 그 분의 '신성' 또한 피조물 속에 영적으로나 신체적으로 지각되고 있기 때문이다."11)

그러므로 예술은 하나님의 창조의 아름다움美을 감각하고 느낀 것을 하나님이 주신 재능과 영감을 통해 표현하는 일이다. 다시 말하면 예술의 불변하는 기초는 하나님의 은총이다.

카이퍼는 서양예술의 역사를 종교와 예술이 밀접한 관계로부터 점진적으로 분리되는 과정으로 설명한다. 하나님의 은총의 빛에 의해 형성된 위대한 예술은 종교와 관련되어 있었다. 고대 그리스의 예술에 의해 확립된 생동감 있고 고전적인 아름다움과 기독교 신앙에 근거한 르네상스 시대의 창조적이고 풍부한 예술은 바로 종교적 예술의 전형적인 예이다. 창세기 4장에 기록된 대로 예술음악이 유발에 의해 시작된 이후 예술은 종교로부터 분리되는 과정을 겪어 왔다. 그러나 예술의 종교적 원천을 무시한 로마의 예술은 그리스의 모방에 그쳤고 18세기의 계몽주의는 창조적인 예술양식을 산출해내지 못했다. 근대 이후 많은 예술은 종교적 영감의 원천과 단절된 양식들을 만들어 내고 있다. 여기에 오늘날의 예술의 문제가 있다.

그럼에도 불구하고 카이퍼는 일반적으로 예술이 죄로 오염된 세상 속에서 더 높은 실재를 보여주는 역할을 하고 있음을 인정한다.

"예술은 칼빈주의자에게 다음의 사실을 제시한다: 일찍이 놀랄 만큼 아름다웠던 창조의 폐허 옆에서 예술은 아직도 남아 있는 가시적인 하나님의 경

---

11) Abraham Kuyper, *Lectures on Calvinism* (Grand Rapids: Eerdmans, 1994), p. 156.

륜과 그 이상의 것, 즉 최고의 예술가이며 건축가이신 하나님이 언젠가 본래의 창조의 아름다움을 새롭게 하고 높이실 휘황찬란한 회복을 향하게 한다."12)

카이퍼는 하나님께서 당신의 선한 뜻에 따라서 이러한 은사를 기독교인이나 비기독교인 모두에게 부여해 주신다는 사실을 철저히 인정하고, 이러한 일반적 예술의 재능을 개혁주의가 더욱 장려하고 기독교 문화 형성에 사용할 수 있다고 본다. 그는 역사적으로 칼빈이 유명한 교회 음악가 팔레스티나의 스승인 구디멜Goudimel이나 부르주아와 같은 음악가와 동역 했던 사실과 화란 개혁교회가 렘브란트나 베르메르 같은 훌륭한 화가들을 배출했던 사실을 예로 든다. 비록 순수한 의미의 '기독교 예술'은 신앙인만이 창작해 낼 수 있지만, 그렇다고 해서 기독교가 비신자들의 예술을 배타적으로 대하기보다는 그 속에 나타난 하나님의 은총을 발견하고 기독교적으로 수용하고 재해석할 필요가 있다는 것이다.

05 로크마커의 미술론

(1) 로크마커의 삶

네덜란드의 미술비평가 한스 로크마커Hans Rookmaaker, 1922-1977는 인도네시아 주재 네덜란드 총독의 아들로 태어났다. 그의 집안은 기독교에 별로 관심이 없는 전형적인 외교관 집안이었다. 그는 아버지를 이어 외교관이 되기를 원했지만, 인도네시아 독립운동이 심화되자, 그는 네덜란드에 돌아와 기독교 계통의 공업 고등학교에서 공부했다. 그는 이 학교에서 기독교를 처음으로 접하게 되었다. 그러나 그는 2차 대전 중 나치 점령 아래 놓인 고국에서 레지스탕스 운동을 하다가 체포되어 독방에

---

12) Abraham Kuyper, *Lectures on Calvinism*, p. 155.

수용되었을 때 비로소 회심을 경험했다. 그는 독방에서 성경을 진지하게 읽었다. 3개월간의 투옥 생활 후, 독일의 나치 수용소에 보내진 그는 네덜란드의 기독교철학자 헤르만 도예베르트Herman Dooyeweerd의 제자인 메케스J. Mekkes를 만나게 되었다. 수용소에서 그는 메케스로부터 도예베르트의 철학을 공부했고 토론을 해나가면서 서양철학의 뿌리에 '종교적' 신념이 있음을 인정하게 되었다. 칸트가 철학의 출발점으로 삼은 순수이성도 그 자체로 보편타당한 원리가 아니라, 일종의 신념Belief에서 나온 구성물이라는 것이다.

2차 대전 후, 그는 예술가의 신앙이 작품에 어떻게 나타나는가를 밝히기 위해 암스테르담 시립대학의 미술사학과에 입학하여, 1959년에는 고갱의 예술에 대한 『혼성주의 미술이론』Synthetist Art Theories으로 박사학위를 취득하고 레이든Leiden대학과 암스테르담 자유대학Amsterdam Free University의 미술사교수로 봉직한다. 1960년대 초에는 네덜란드 개혁교회 신자들이 예술에 대한 관심이 별로 없었기 때문에 그의 강의가 관심을 끌지 못했으나, 점차로 그의 참신한 강의와 저술이 알려지면서 개혁주의 미학Reformed Aesthetics이란 분야가 성립되었다. 이미 아브라함 카이퍼A. Kuyper가 『칼빈주의 강연 *Lectures on Calvinism*』에서 강조했던바 칼빈주의가 예술에 크게 기여했다는 명제가 로크마커에 의해 미술사적으로 재조명되기 시작했다. 그는 1977년 55세에 심장병으로 세상을 떠났다.

(2) 로크마커의 미학적 출발점

『예술과 그리스도인 *Art needs no Justification*』에서 로크마커의 미학은 두 가지 전제에서 출발한다. 첫째, 모든 세계와 실재가 하나님에 의해 창조되었으므로 모든 인간의 활동은 근본적으로 종교적이다. 다시 말해 하나님과의 관계에서 벗어날 수 없다. 둘째, 모든 예술은 하나님이 인간에게 부여하신 미에서 출발한다. 그러므로 모든 예술적 노력도 하나님에 대한 반응이고 종교적 표현이다. 따라서 그에게 인간의 모든 노력, 특히 예술행위는 하나님을 섬기는가, 아니면 우상을 섬기는가의 차이를 표현해 준다. 아무리 아름다운 예술도 하나님을 부정하는 신앙에서 비롯된다면 우상숭배적 예술이 된다. 따라서 그에게 예술은 단순히 예술가의 감성의 표현이 아닌, 그 예술가의 세계관과 신앙의 표현이다.

⑶ 현대 예술의 위기

중세의 서구에서는 예술가가 숙련된 장인이었고 동업조합이나 우두머리 장인의 지도 아래 공동 작업을 통해 예술품이 만들어졌다. 그들에게 요구된 것은 무조건적인 독창성이 아니라, 적절한 재료를 사용하여 견실하고 충실한 작품을 제작하는 솜씨였다.

그러나 르네상스 이후 몇몇 나라에서 예술가의 역할이 바뀌게 되었다. 이 변화는 18세기 계몽주의 시대에 정점에 이르렀다. 이제 예술은 천재적이고 독창적인 예술가에 의해 창작된 '순수 예술'fine arts을 의미하게 되었다. 예술은 종교로부터 독립해서 순수한 미적 기준이나 취미taste, 숭고미 등에 의해 평가되었다. 예술은 삶으로부터 독립된 독자적인 영역으로 분리되었고 미는 대상세계와 분리된 독자적 의미를 가진 추상적 특징으로 간주되었다.

그 결과 18세기부터는 기독교 없는a-Christian 예술이 성립했다. 종교는 더 이상 공적 문제가 아닌, 개인의 사생활의 문제로 간주되었고, 이와 유사하게 예술작품의 이해에도 예술가의 신앙이나 세계관은 주관적인 것으로 치부되었고 작품의 객관적 의미만이 중요한 평가의 대상이 되었다. 그러나 이런 생각은 근본적으로 비현실적이다. 모든 예술가는 실재의 의미에 대한 관점으로부터 그의 예술을 시작하기 때문이다.

로크마커는 바로 이 예술가의 세계관과 예술작품의 분리가 현대예술의 위기를 가져 왔다고 진단한다. 19세기 이후 예술가들은 사회로부터 완전히 독립된 존재들로, 타인과 상관없이 스스로 자아를 발견하고 예술을 창조하도록 운명 지어진 천재들로 인정되었다. 강력한 자아 실현력과 표현력에 의해 이 운명을 개척하는 예술가만이 성공한 예술가로 살아남았다. 예술은 대중과 분리되어 신비화되고 그 가치는 전문비평가의 평가에 의해서만 파악되게 되었다. 예술은 종교를 거부하고 삶과 분리되어 너무 높은 존재가 되어 버렸다. 이렇게 신비화된 예술의 그늘에는 절망해버린 가난한 예술가의 시체와 타락한 대중예술의 상업주의만 독버섯처럼 가득 차게 되었다. 현실성과 예술성을 처음부터 추구한 아트디자인이나 산업디자인의 분야를 제외하고는 예술은 양극화에 의해 자기해체의 길에 들어섰다. 현대예술의 위기는 현대문화의 위기이기도 하다.

(4) 기독교의 반응

로크마커는 현대예술이 위기에 빠지도록 방치한 기독교의 책임을 추궁한다. 그에 따르면 기독교의 주류는 근대의 공격 앞에서 경건주의에 만족하고 삶의 모든 영역에 대한 개입과 적용을 포기했다. 그들은 기독교는 복음전파와 자선사업으로 충분하다고 믿었다. 그리스도인의 수는 많았지만, 사회에서 그 영향력은 감소했다. 세상으로부터 기독교의 후퇴는 두 가지 결과를 낳았다. 첫째는 기독교가 현대문화와 무슨 관계가 있는지에 대해 대답을 발견할 수 없었다. 교회가 어떤 음악과 건물과 디자인을 사용할지에 대해, 그들은 비그리스도인에 의존하게 되었다. 그리스도인은 창조세계에 대해 관심과 책임감을 상실하게 되었다. 둘째는 그리스도인과 기독교계 내에서 예술을 부정적으로 보게 된 점이다. 예술은 신앙에 위배되는 방종의 영역처럼 느껴졌다. 예술은 더 이상 성령의 은사로 인정되지 않게 되었다.

그렇다면 이제 어떻게 해야 하는가? 로크마커는 크리스천에게 "통곡하라, 기도하라, 사고하라, 그리고 일하라"고 외친다. 이제 신앙과 세상의 분리주의에서 벗어나 자신의 은사를 예술에서 발휘하되, 시대와 진지하게 대결하라는 뜻이다. 시대의 죄악에 통곡하고 주님께 도움을 청하면서 깊이 생각하고 일하라는 주문이다.

(5) 그리스도인 예술가의 과제

그리스도인 예술가는 이 시대의 개혁에 동참해야 한다. 그들의 예술활동을 통해 이 시대를 예수 그리스도께 돌아오도록 해야 한다. 그들은 과학의 지배와 정치이데올로기의 지배로부터 예술을 통해 대안을 제시해야 한다. 그리스도인 예술가는 사회에서 그리스도의 증인이다. 예술을 통해 교회의 개혁뿐만 아니라, 창조세계 전체의 개혁을 추구해야 한다. 그러나 로크마커는 복음전도를 위해 예술을 도구로 사용하는 것을 부정적으로 본다. 예술은 그 자체로 기독교를 증거한다. 인위적으로 전도의 수단으로 만들어서는 안 된다. 그에게 "예술은 정당화justification를 필요로 하지 않는다." 그리스도인 예술가는 하나님께 받은 재능을 최대로 개발하여 성실한 작업을 해야 한다. 그 활동 자체가 하나님의 영광을 증거한다.

예술의 고유한 가치는 의미전달과 형식의 두 면에서 발견된다. 의미전달은 형식을 통해 이루어진다. 즉 예술의 가치는 작품의 제작방식, 사용된 색채, 선의 아름다움 등의 형식을 통해 전달된다. 예술의 창작과 평가에는 형식적 법칙, 생활양식, 이해, 감정, 취미, 양식(스타일)의 요소가 개입된다. 그러나 예술의 가치를 결정하는 최고의 규범은 사랑, 구원 같은 정신적인 가치이다. 좋은 예술가는 이러한 자질을 길러야 한다. 창작의 재능, 지성, 장인정신, 근면성 등이 이러한 자질에 들어간다. 이는 그리스도인 예술가의 자질이기도 하다.

구속적 세계관은 기독교 예술을 비판적으로 평가할 때도 적용된다.

그럼으로써 기독교 예술은 더욱 자기 비판적이 된다. 성경의 소재를 그렸다고, 또는 예수 그리스도라는 단어를 가사에 넣었다고 기독교 예술의 우수성을 보장받는 것은 아니다. 그래서 로크마커는 예술이 기독교적인지, 아닌지를 결정하는 기준은 성경에 나오는 전형적인 기독교의 주제를 그렸느냐에 달려있지 않고 그 작품에 담긴 '정신'spirit이라고 주장한다. 그 작품이 재현하고 있는 세계에 대한 이해가 진정으로 성경적이냐가 평가의 기준이라는 것이다: "그러나 예술에서 기독교성을 결정짓는 것은, 채택된 주제theme가 아니라, 거기 담긴 정신spirit이다. 다시 말해, 그 예술이 투사하고 있는 실재에 대한 이해와 지식이 진정 성경적이냐가 관건이다."13)

06 나가는 말

필자는 칼빈과 카이퍼의 전통에 서있는 개혁주의 미술관을 이해하려고 시도했다. 개혁주의 미학의 선구자 칼빈은 예수 그리스도의 가시적인 형태에 대한 명상을 통해 신비스런영적인 아름다움을 찾는 길 대신, 성령의 조명 아래서 성경의 내러티브를 들음으로써 그리스도의 십자가와 부활에 나타난 하나님의 영광을 체험하고 깨닫기를 권한다. 왜냐하면 칼빈은 기독교의 역사에서 하나님의 형상을 가시적으로 표상하거나 표현할 때 생겨났던 우상숭배의 위험성을 누구보다도 예리하게 간파했기 때문이다. 그래서 그는 하나님을 가시적으로 표현하려는 모든 시도를 거부했다. 칼빈의 시각적 미학은 창조세계에 나타난 하나님의 신성과 영광을 추구하는 미학으로 스스로를 제한한다.

오늘날 개혁주의 미학에 남겨진 과제는 칼빈의 요청대로 말씀을 들

---

13) 한스 로크마커, 김유리 역, 『현대예술과 문화의 죽음』 (서울: IVP), p. 283.

음으로써 경험된 하나님의 영광을 회화적으로도 표현할 수 있는가의 문제이다. 칼빈은 출애굽기 20:4에 근거하여 우상숭배를 경계하여 어떤 형태로든지 하나님을 표현하는 것에 반대했다.[14] 그러나 필자는 더 이상 하나님에 대한 표현이 우상숭배를 목적으로 하지도 않고 그런 불행한 결과를 가져오지 않는 회화, 특히 추상적이거나 상징적인 표현인 경우는 삼위일체 하나님과 그 영광을 표현하도록 허용해야 한다고 본다.

■참고문헌

게트만 지페르트, 공병혜 역, 『미학입문』, 서울:철학과 현실사, 1995.
기욤 카스그랭 외, 이승신 역, 『베르메르』(창해ABC북), 서울:창해, 2001.
레나토 포지올리, 박상진 역, 『아방가르드 예술론』, 서울:문예출판사, 1996.
리차드 발라데서, 손호현 역, 『신학적 미학』, 서울:한국신학연구소, 2001.
리차드 해리스, 김혜련 역, 『현대인을 위한 신학적 미학』, 서울:살림, 2003.
먼로 비어슬리, 이성훈, 안원현 역, 『미학사』, 서울:이론과 실천, 1987.
신응철, 『캇시러의 문화철학』, 서울:한울아카데미, 2000.
아브라함 카이퍼, 김기찬 역, 『칼빈주의 강연』, 서울:크리스챤다이제스트, 2002.
아서 단토, 『예술의 종말 이후』, 서울:미술문화, 2004.
에밀 두메르그, 이오갑 역, 『칼빈 사상의 성격과 구조』, 서울:대한기독교서회, 1995.
E. H. 곰브리치, 최민 역, 『서양미술사』, 서울:열화당, 1995.
W. 타타르키비츠, 손효주 역, 『미학의 기본개념사』, 서울:미술문화, 1999.
존 칼빈, 원광연 역, 『기독교강요 (상)』, 서울:크리스챤다이제스트, 2003.
진 에드워드 비이스, 오현미 역, 『그리스도인에게 예술의 역할은 무엇인가?』, 서울:나
        침반, 1994.
한스 로크마커, 김유리 역, 『현대예술과 문화의 죽음』, 서울:IVP, 1993.
_____, 김헌수 역, 『예술과 그리스도인』, 서울:IVP, 2002.

---

14) John Calvin, *Institutes of the Christian Religion*, ed. by John T. McNeil (Louisville: Westminster John Knox Press), I. x.

허버트 리드, 윤일주 역, 『예술이란 무엇인가』, 서울:을유문화사, 1991.

헨리 채드윅, 『초대교회사』, 서울:기독교문서선교회, 1999.

Abraham Kuyper, *Lectures on Calvinism,* Grand Rapids: Eerdmans, 1994.

Calvin Seerveld, *Bearing Fresh Olive Leaves,* Toronto: Tuppence Press, 2000.

Charles Harrison, *Modernism,* London: Tate, 1997.

Claus Westermann, *Genesis 1-11,* Biblischer Kommentar AT, 2. Aufl. Neukirchen: Neukirchner Verlag, 1976.

Eleanor Heartney, *Postmodernism,* London: Tate, 2001.

Ernst Cassirer, *Symbol, Myth, and Culture,* ed by Donald Verene, New Haven/London: Yale Univ. Press, 1979.

E. T. Oakes S.J., *Pattern of Redemption,* N.Y.: Continuum, 1994.

Gene E. Veith, Jr., *The Gift of Art,* Downers Grove, Ill.: IVP., 1983.

Hans Bertens, *The Idea of the Postmodernism,* London/N.Y.: Routledge, 1995.

Hans U. v. Balthasar, "In Retrospect", J. Riches(ed.), *The Analogy of Beauty: The Theology of Hans Urs von Balthasar,* Edinburgh: T & T Clark, 1986.

J. O'Donnell S.J., *Hans Urs von Balthasar,* London: Geoffrey Chapman, 1992.

John Calvin, *Institutes of the Christian Religion,* ed. by John T. McNeil, Louisville: Westminster John Knox Press.

Karl Barth, *Kirchliche Dogmatik II, 1,* Zuerich: Theologischer Verlag, 1940.

Kenneth A. Mathews, *Genesis 1-4:26,* NAC, Nashville: B & H Publishers, 1996.

Kurt Galling(hrsg.), *Die Religion in Geschichte und Gegenwart,* Tuebingen: J.C.B.Mohr., 1963.

Louis Berkhof, *Systematic Theology,* Grand Rapids: Eerdmans, 1982.

Nicholas Wolterstorff, *Art in Action,* Grand Rapids: Eerdmans, 1980.

Peter C. Craigie, *Psalms 1-50,* WBC, Waco: Word Books Publisher, 1983.

Richard Harris, *Art and the Beauty of God,* London: Mowbray, 1993.

Victor Hamilton, *The Book of Genesis: Chapters 1-17,* NICOT, Grand Rapids: Eerdmans.

Wayne Grudem, *Bible Doctrine,* ed. by Jeff Purswell, Leicester: IVP, 1999.

William A. Dyrness, *Rouault: A Vision of Suffering and Salvation,* Grand Rapids:

Eerdmans, 1971.

William A. VanGemeren (ed.), *New International Dictionary of Old Testament Theology & Exegesis Vol. 2,* Grands Rapids: Zondervan, 1997.

Abraham Kuyper, *Lectures on Calvinism* (Grand Rapids: Eerdmans, 1994).

Adrian Nichols OP, *The Word has been abroad: A Guide through Balthasar's Aesthetics* (Edinburgh: T&T Clark, 1998).

Calvin Seerveld, *Rainbows for the fallen World* (Toronto: Tuppence Press, 1980).

Calvin Seerveld, *Bearing Fresh Olive Leaves* (Toronto: Tuppence Press, 2000).

Edward T. Oakes S.J., *Pattern of Redemption* (N.Y.: Continuum, 1994).

Hans Urs von Balthasar, *The Glory of the Lord: A Theological Aesthetics I: Seeing the Form* (Edinburgh and San Francisco: T&T Clark and Ignatius, 1982)

Hans Urs von Balthasar, *V: The Relm of Metaphysics in the Modern Age* (Edinburgh and San Francisco: T&T Clark and Ignatius, 1987).

Hermann Bavinck, *Reformed Dogmatik: Vol. 2: God and Creation* (Grand Rapids: Baker Academic, 2004).

Hilary Brand/Adrienne Chaplin, *Art & Soul: Signposts for Christians in the Arts* (Downers Grove: IVP, 2001).

James Bratt (ed.), *Abraham Kuyper: A Centennial Reader* (Grand Rapids: Eerdmans, 1998).

John Calvin, *Institutes of the Christian Religion,* ed. by John T. McNeil (Louisville: Westminster John Knox Press).

John O'Donnell SJ, *Hans Urs von Baltasar* (London: Cassel, 1992).

John Riches (ed.), *The Analogy of Beauty* (Edinburgh: T&T Clark, 1996).

Gene E. Veith, Jr., *The Gift of Art* (Downers Grove, Ill.: IVP, 1983).

Nicholas Wolterstorff, *Art in Action* (Grand Rapids: Eerdmans, 1980).

William A. Dyrness, *Rouault: A Vision of Suffering and Salvation* (Grand Rapids: Eerdmans, 1971).

William A. Dyrness, *Reformed Theology and Visual Culture* (Cambridge: Cambridge University Press, 2004).

이미지와 초월성 :

폰 발타자르의 가톨릭 미학과 칼빈의 개혁주의 미학

최태연 | 백석대학교 교수

01 들어가는 말

　필자는 스위스의 가톨릭 신학자 한스 우어스 폰 발타자르Hans Urs von Balthasar의 아름다움의 미학과 칼빈Calvin과 카이퍼Kuyper의 전통에 서있는 개혁주의 미학Reformed Aesthetics의 입장을 비교하면서 후자의 입장에서 전자를 평가해 보고자 한다. 이러한 시도를 하게 된 동기는 우선 현대의 기독교 미학을 정립하기 위해서는 현대 가톨릭교회의 대표적 미학자와 가장 체계적인 개신교 신학인 개혁신학reformed theology의 미학을 비교 검토해보는 작업이 필요하다고 생각하기 때문이다. 그 다음의 동기로는 필자 자신이 개혁교회의 신자로서 개혁주의 미학의 입장에 서있기 때문이다. 이 글에서 필자는 먼저 발타자르의 생애와 신학적 배경 및 특징을 요약적으로 다루고 나서 발타자르의 신학적 미학의 세계로 들어가고자 한다. 잘 알려진 대로 발타자르의 신학적 미학은 그의 대작 『영광 *Herrlichkeit*』에 집대성되어 있다.[1) 발타자르의 가장 큰 공헌은 하나님의 영광을 가시적 아름다움을 통해 드러내지 않았던 근대 이후의 신학사에 미학의 관점을 도입한 점이라고 할 수 있다. 이 글에서는 발타자르의 방대한 연구를 모두 고려하지 못하고 그의 저서 『영광』의 제1권과 제5권만을 다룰 것이다.[2]

　　그러나 이 글의 목적은 단순히 발타자르의 신학적 미학을 소개하는 데 그치지 않고 개혁주의 미학의 입장에서 그것을 다시 한 번 평가해 보는 데 있다. 이러한 평가를 거쳐야만 20세기 기독교 미학에 가장 큰 영향을 끼친 발타자르의 신학적 미학과 개혁주의 미학과의 공통점과 차이점을 검토하는 작업이 가능해질 것이기 때문이다. 21세기 초반의 한국에서 20세기의 기독교 미학을 재검토하기 위해서 두 전통이 만나는 일은 매우 생산적인 일이라고 생각한다. 현대 기독교 미학의 중요한 흐름인 가톨릭 전통과 개혁주의 전통이 서로 만나는 일은 거의 없었기 때문이다. 더욱이 한국의 개혁주의의 관점에서 가톨릭 미학과의 공통점과 차이점을 분명히 아는 일은 앞으로 개혁주의 미학을 발전시키는 데도 기초가 될 것이다.

02 발타자르의 생애와 신학

　　스위스의 신학자 발타자르는 20세기가 낳은 가장 뛰어난 가톨릭 신학자 가운데 한사람이다. 그는 1905년 스위스의 루체른Luzern에서 오스트리아-헝가리 제국 황실의 후손으로 태어났다. 그의 집안은 가톨릭 신

---

1) Hans Urs von Balthasar, *Herrlichkeit: Eine theologische Aesthetik I-III/2, 2. Teil* (Einsiedeln: Johannes Verlag, 1961-1969). 영어번역은 *The Glory of the Lord: A Theological Aesthetics. I-VII* (Edinburgh and San Francisco: T&T Clark and Ignatius, 1982-1989).

2) Hans Urs von Balthasar, *The Glory of the Lord: A Theological Aesthetics I: Seeing the Form* (1982), *III. Studies in Theological Style: Lay Styles* (1986), *V: The Relm of Metaphysics in the Modern Age* (1987).

앙과 깊은 관계가 있었다. 그의 아버지는 교회건축가였고 그의 어머니는 스위스 가톨릭여성 연맹의 임원이었다. 발타자르는 어린 시절부터 문학과 음악에 뛰어난 재능을 보였다. 그의 처녀작도 음악이론에 관한 책으로서 20세 되는 1925년에 독일에서 출간한 『음악이념의 발전: 음악의 종합에 대한 시도』Die Entwicklung der musikalischen Idee. Versuch einer Synthese der Musik이다.3) 그는 스위스에서 베네딕트분도 수도회가 운영하는 중학교에 다니다가 부모에 의해 오스트리아의 예수회 대학에 보내졌다. 몇 년 후 그는 스스로 예수회 대학을 떠나 스위스 취리히 대학의 독문학과에 등록했다. 독일어권의 많은 대학생들이 그러하듯이, 그 역시 여러 대학을 옮겨 다니며 대학생활을 했다.

발타자르는 베를린 대학에서 유명한 가톨릭 철학자 로마노 과르디니Romano Guardini의 강의를 듣고 키에르케고르Kierkegaard에 심취했고 비엔나 대학에서는 신플라톤주의의 창시자인 플로티노스Plotinos를 연구했다. 1929년에 박사학위를 취득한 후, 그는 다시 예수회에 입회한다. 그의 박사논문은 『독일 영혼의 종말론』Apokalypse der deutschen Seele이라는 제목으로 1937년부터 1939년까지 두 권으로 나뉘어 출판되었다. 이 책에서 그는 레싱에서 하이데거에 이르는 독일의 시인과 사상가에 공통적인 초월에의 욕망을 주제로 다루고 있는데, 무한한 초월적 실재인 하나님에게로 초월하려는 인간 이성의 경향을 집중적으로 다루었다.

1936년 마침내 그는 예수회에서 신부로 서품을 받는다. 그러나 그는 당시의 예수회의 관념적이고 메마른 스콜라주의적 신학과 문화에 실망했고 고유한 신학적 길을 나름대로 모색하기 시작했다. 이 때 그는 자신의 사상을 이끌어 줄 두 사람의 가톨릭 신학자를 만난다. 첫째 번 인물은 폴란드계 독일 신학자 에리히 프지와라Erich Przywara였다. 프지와라는 토미즘의 중요한 신학원리인 하나님과 인간 사이의 '존재의 유비analogia

---

3) Adrian Nichols OP, *The Word has been abroad: A Guide through Balthasar's Aesthetics* (Edinburgh: T&T Clark, 1998), x.

entis를 형이상학적으로만 이해하는 데 반대하고 영적인 실재와 능력으로 이해하려고 했다. 두 번째 인물은 프랑스 리용의 예수회 신학자인 앙리 드 뤼박Henri de Lubac이었다. 발타자르가 리용의 예수회 신학교 체류 시절에 만난 뤼박은 교부신학 연구가로서 발타자르에게 동·서방 교부의 신학에 대한 이해와 열정을 심어주었다. 뤼박의 영향 아래 발타자르는 동방교부 고백자 막시무스Maximus the Confessor, 니사의 그레고리Gregory of Nyssa, 알렉산드리아의 오리게네스Origen of Alexandria, 히포의 아우구스티누스Augustine of Hippo를 연구하고 연구서를 출판했다.4)

당대의 가톨릭 신학자들이나 교부들만이 그의 신학을 형성하는 데 영향을 준 것은 아니다. 예수회의 창설자 이냐시오 로욜라, 신비주의 여성수도자 아드리엔 폰 스파이어, 개신교 신학자 칼 바르트가 바로 발타자르의 신학에 결정적인 영향을 준 인물들이다. 발타자르 신학의 독특성은 이러한 이질적인 요소들을 자신 안에서 하나로 만든 데 있다.

먼저 이냐시오 로욜라는 예수회의 창설자로서 영성훈련의 방법을 묘사한 『영신수련』Spiritual Exercises의 저자이다. 발타자르는 당대의 예수회의 신학에 실망했음에도 불구하고 로욜라로부터 그리스도 중심적인 신비주의와 모든 사물에 대한 경험에서 하나님을 찾으려는 적극적인 태도를 배웠다. 발타자르는 로욜라의 영성을 통해 "오늘날의 세속세계에서 생생한 그리스도 신앙"5)을 가질 수 있다고 보았다.

두 번째로 1940년 스위스의 신비주의 여성수도자 아드리엔 폰 스파이어와의 만남은 발타자르의 영성에 가장 깊은 영향을 주었다. 폰 스파이어는 바젤의 상류사회 출신의 의사로서 건강이 매우 약했고 이혼한 경력이 있는 여성이었다. 그녀는 중세의 여성 신비가들인 리지외의 테레사Thérèse of Lisieux와 디종의 엘리자베스Elisabeth of Dijon로부터 요한복음을 신비주의적으로 읽는 방식을 배웠고 깊은 신비체험을 경험했다. 바젤대학의 교

---

4) Adrian Nichols OP, *The Word has been abroad*, xiv.

5) John O'Donnell SJ, *Hans Urs von Baltasar* (London: Cassel, 1992), p. 6.

목으로 있을 때, 발타자르는 가톨릭으로 개종한 그녀의 영적지도를 맡게 되었다. 점차로 그는 그녀의 신비주의 신앙에 깊이 공감하게 되었고 그녀와 함께 평신도 수도생활 공동체인 '요한공동체'Johannesgemeinschaft를 창설하고 그 지도자가 되었다. 발타자르는 그녀로부터 예수 그리스도의 대속론, 마리아론, 교회론, 종말론에 걸쳐 깊은 영향을 받았다.6) 그러나 발타자르의 독자적 행동은 그가 소속된 예수회의 인정을 받지 못하고 예수회의 모든 공식 활동으로부터 배제되었다. 그는 가톨릭을 대표하는 뛰어난 신학자였음에도 불구하고 초빙 받기로 예정되었던 뮌헨대학 가톨릭 신학부 교수로 임용되지 못했고 바티칸 제2공의회에도 참석할 수 없었다. 결국 그 자리는 예수회 신학자 칼 라너Karl Rahner가 차지했다. 그러나 그의 생애의 후반기에 이르러 발타자르의 신학은 가톨릭교회로부터 주목을 받기 시작했고 1984년에는 바오로 6세 신학상을 수상했다. 1988년에는 요한 바오로 2세로부터 추기경에 서임되었지만, 서임식 이틀 전인 1988년 6월 26일에 서거했다.7)

마지막으로 발타자르는 스위스의 개신교 신학자 칼 바르트Karl Barth의 신학에 커다란 공감대를 느꼈다. 그는 바르트의 신학에서 신학이 가져야 할 '객관성'objectivity과 '열정'passion이 종합되었다고 보았다. 그에 따르면 바르트 신학의 객관성은 철저하게 '그리스도 안에 있는 하나님의 계시'로부터 신학의 원리를 도출하는 데서 나온다. 그는 이 점에서 바르트의 신학이 기독교의 진리가 하나님의 절대 자유로부터 나오는 자기계시에서만 가능하다는 사실을 현대신학에 분명히 해주었기 때문에 신학의 객관성을 보장해 주었다고 보았다. 동시에 그는 바르트가 그리스도 안에서의 하나님의 계시행위가 하나님의 열정에서 나왔으며 얼마나 인간에게 극적인 사건인가를 생생하게 표현했다고 생각했다.8) 뿐만 아니

---

6) John O'Donnell SJ, *Hans Urs von Baltasar*, 1; Adrian Nichols OP, *The Word has been abroad*, xvii.

7) John O'Donnell SJ, *Hans Urs von Baltasar*, p. 2.

라 발타자르는 바르트가 개혁신학의 전통에 서있으면서도 칼빈의 '이중
예정론'doctrine of double predestination에 반대하여 그것을 극복했다고 평
가한다.9) 왜냐하면 후기의 바르트는 예수 그리스도 안에서 모든 인류가
선택되었다고 보았기 때문이다.10) 폰 스파이어의 영향 아래 발타자르는
"버림받은 사람들을 구원하기 위해 그리스도께서 음부(지옥)에 하강"11)
했음을 강력하게 주장했기 때문에 바르트의 보편구원론에 공감했다.12)

03 발타자르의 신학적 미학

(1) 신학은 미학이다

　　발타자르의 가장 큰 신학적 공헌은 무엇보다도 신학theology 자체를
미학Aesthetics으로 승화시킨 일이다. 그래서 그는 자신의 신학을 '미학적
신학'aesthetic theology이 아닌 '신학적 미학'theological aesthetics라고 부른
다.13) 그에게 신앙은 진Truth, 선Goodness, 미Beauty의 원천이며 사랑의
근원인 하나님에게 다가가는 행위이다. 따라서 하나님에 대한 인간의 가
장 역동적인 태도는 모든 경로를 통해 하나님에게 다가가는 일이다. 전
통적으로 기독교 신학은 하나님의 성품(속성)을 독자성Independence, 불
변성Immutability, 무한성Infinity, 통일성Unity, 단순성Simplicity, 영성Spiritual
Nature, 전지성Intellectual Attributes, 도덕성Moral Attributes, 주권Sovereignty,

---

8) Adrian Nichols OP, *The Word has been abroad*, xvi.

9) 필자를 포함하여 대부분의 개혁주의자는 바르트의 보편구원론과 발타자르의 입장이 성경에
　충실하다고 보지 않는다.

10) John O'Donnell SJ, *Hans Urs von Baltasar*, p. 5.

11) Ibid.

12) Ibid.

13) Hans Urs von Balthasar, *The Glory of the Lord: A Theological Aesthetics I: Seeing the Form*
　(Edinburgh and San Francisco: T&T Clark and Ignatius, 1982), p. 79.

완전성Perfection, 복됨Blessedness, 영광Glory 등으로 파악해 왔다.14) 물론 교회사에서 일부 교부들과 신학자들이 하나님의 영광Glory을 '아름다움'Beauty과 동일시했지만,15) 미Beauty가 하나님의 속성으로 명시적으로 인정되지는 않았다. 근대 이후 이 생각을 본격적인 신학의 주제로 부각시킨 신학자는 발타자르가 처음이었다. 그는 신학을 하나님의 모든 속성을 종합적으로 파악하는 활동으로 보았으므로 하나님을 지성적으로나 윤리적일 뿐만 아니라, 미적경험을 통해 이해하고자 했다. 그래서 그는 "진리는 심포니이다"Die Wahrheit ist symphonisch라고 주장한다. 그는 기독교 진리는 지성적이나 윤리적 측면뿐만 아니라, 미학적 차원을 통해 조화로운 화음을 낼 수 있음을 역설한 것이다.

"신학적 미학의 근본원리는 계시revelation가 절대진리와 절대선인 것과 마찬가지로 절대미라는 사실이다. 만일 인간의 본질범주에 대한 계시를 논리학과 윤리학과 미학의 영역으로 전환하고 적용하지 않는다면, 위의 주장은 무의미한 주장이 될 것이다."16)

그래서 그는 자신의 신학을 삼위일체론을 미학적으로 해명하는 작업으로 이해한다. 그에게 성부, 성자, 성령의 하나 됨은 삼위일체 하나님이 미의 근원이심을 의미하므로 성육신하신 그리스도의 미는 신학의 가

---

14) Hermann Bavinck, *Reformed Dogmatik: Vol. 2: God and Creation* (Grand Rapids: Baker Academic, 2004), pp. 148-255 참조.

15) 기독교신학사에서 하나님이 아름다움의 원천이라는 생각은 알렉산드리아의 클레멘트(Clement)까지 거슬러 올라간다. 클레멘트는 "하나님은 아름다운 모든 것의 원인이다"라고 했으며 중세 초기 카롤링거 왕조의 학자인 알퀸(Alquin)은 "하나님을 '영원한 미'(aeterna pulchritudo)라고 규정했다. "아름다운 것과 완전한 것은 동일하다"(pulchrum et perfectum idem est)는 중세의 격언도 이러한 신념을 뒷받침한다. 참고: W. 타타르키비츠, 손효주 역, 『미학의 기본개념사』 (서울: 미술문화, 1999), p. 157, p. 165.

16) Hans Urs von Balthasar, *The Glory of the Lord: A Theological Aesthetics I: Seeing the Form*, p. 607.

장 중요한 주제 가운데 하나가 된다.

"신학적 미학의 원리는 성부의 증거 안에 있는 성자를 (동시에 성부에 대한 성자의 증거 속에서) 하나님의 본질eidos 또는 형태form와 모든 아름다움의 원형으로 다시 회복하는 것을 의미한다."17)

"이것은 삼위일체 교리를 연역하려는 시도가 아니다. 철학이 생각할 수 있는 모든 것을 넘어서 성부와 성자의 관계가 참으로 성자를 통해 계시된다면 명심해야 할 어떤 것이다. 성부가 근거ground라면 성자는 현현manifes-tation이다. 성부가 내용content이라면 성자는--계시에 의해 독특한 방식으로 알려진--형태form이다. 아름다움 안에서 이 두 분은 하나이다. 두 분은 서로에게 내주하므로 아름다움을 지각하는 사람은 누구든지 이 상호관계를 더욱 깊이 지각해야만 한다: "그러면 너희가 아버지께서 내안에 계시고 내가 아버지 안에 있음을 깨달아 알리라 하시니(요한복음 10:38; 14:10, 20 참고)."18)

성부를 알기 위해서는 성자를 통해야 한다. 성자가 보여준 아름다움을 통해서만 하나님의 아름다움을 알 수 있다는 것이다. 그렇다면 성자 그리스도의 아름다움에 우리는 어떻게 접근해할 수 있을까? 발타자르는 우선 가톨릭 신학에서 말하는 존재의 유비를 통해서 그리스도를 통한 하나님의 아름다움에 접근하고자 한다.

---

17) Hans Urs von Balthasar, *The Glory of the Lord: A Theological Aesthetics I: Seeing the Form*, pp. 608-609.

18) Hans Urs von Balthasar, *The Glory of the Lord: A Theological Aesthetics I: Seeing the Form*, p. 611.

(2) 존재의 유비Analogia entis를 통해 알려지는 하나님의 아름다움

발타자르의 신학적 미학의 핵심은 미적 존재의 유비이다. 즉 하나님의 근원적 아름다움의 형태Gestalt와 이 세상에 존재하는 아름다움의 형태Gestalt 사이에는 유사한 관계의 유비analogy가 있다는 말이다. 이로써 발타자르는 하나님의 아름다움과 세상의 아름다움을 매개하는 신학을 창출해 낸 것이다.

먼저 '존재의 유비'에 대해 이해해 보자. '존재의 유비'란 중세신학, 특히 토마스 아퀴나스의 철학적 신학에서 완성된 신학원리이다. 존재의 유비는 의존적인 존재자인 피조물이 자립적인 존재자인 하나님과 일정한 유사성을 가지고 있다는 생각이다.[19] 이 존재의 유비 사상은 이미 고대의 플라톤에게서 나타난다. 플라톤은 이 세계의 아름다운 사물은 아름다움의 이데아 전체를 내포하고 있지 않지만, 그것의 일부를 나누어 가지고 있다고 생각했다.[20] 아퀴나스는 인간이 경험하는 아름다움은 질서와 분명한 형태에 의해 경험되는데, 이 경험은 사물들의 근본형상으로부터 발생한다고 보았다. 이 근본형상은 순수 현실태인 하나님과 유사하다는 점에서 하나님에 대한 참여이다.[21] 발타자르는 플라톤과 신플라톤주의, 아퀴나스의 생각을 이어받아 창조신과 피조된 세계의 유사성이 지성이나, 의지나, 도덕의 차원에서도 존재하지만, 무엇보다도 미적인 차원에서 강하게 드러난다고 주장한다. 그렇다면 하나님과 세계 또는 인간 사이의 미적 유사성이란 구체적으로 무엇을 말하는가? 발타자르의 말을 들어보자.

"그〔하나님〕와 관계되고 그의 속성이 일자the One, 진리the True, 선 the

---

19) 레오 엘더스, 박승찬 역, 『토마스 아퀴나스의 형이상학』(서울: 가톨릭출판사, 2003), pp. 87-89 참조.
20) 레오 엘더스, 『토마스 아퀴나스의 형이상학』, p. 223.
21) 레오 엘더스, 『토마스 아퀴나스의 형이상학』, p. 228.

Good，아름다움the Beautiful의 양상으로 나타나는 존재esse는 모든 인간의 한계를 뛰어넘는 실재의 무제약적인 풍요함을 가진다. 하나님으로부터 오는 이 풍요함의 출현을 통해 존재는 유한한 존재자 안에 존재하며 분여된다."[22]

여기서 무한한 하나님의 존재의 속성은 풍요함Abundance이다. 존재의 풍요함이 유한한 존재자 속에 드러날 때, 하나님과 피조물에게 유사성이 성립된다는 말이다. 그런데 발타자르는 존재의 유비를 파악하는 미적인 범주를 형태와 광채의 두 원리로 파악하고자 한다. 그는 토마스 아퀴나스가 하나님의 아름다움을 '형태'forma, species; Gestalt와 '광채'lumen, splendor; Glanz로 구분한 것에 따라 하나님의 영광이 자연과 인간에게 형태와 빛의 아름다움으로 드러난다고 해석한다.

"우리에게 나타나는 사물은 본질적인 원천이 하나의 중심 주위로 모든 부분을 통일하고 이 부분들의 다양성 안에서 주도하고 배열하고 작용하기 때문에 아름답다. 아름다움은 존재의 깊이로부터 빛나는 광채이다……. 자연의 모습은 그 자체의 풍경의 드러남을 통해, 다른 본질적인 이미지들과의 공존 속에서, 존재의 위엄의 등장 속에서 그렇게 잘 짜여진 자유를 가진다."[23]

(3) 보이지 않는 아름다움의 미학

그러나 발타자르는 이러한 형태적 아름다움에서 하나님의 아름다움의 최고 형상이 나타난다고 보지 않는다. 하나님의 아름다움에 가장 근접하는 아름다움은 조화와 균제미에서 드러나는 아름다움이 아니라, 근

---

22) Hans Urs von Balthasar, *The Glory of the Lord: A Theological Aesthetics V: The Relm of Metaphysics in the Modern Age* (Edinburgh and San Francisco: T&T Clark and Ignatius, 1987), p. 12.
23) Hans Urs von Balthasar, *The Glory of the Lord: A Theological Aesthetics I: Seeing the Form*, p. 398.

본적이고 영적인 아름다움인 성육신하신 그리스도에게서 나타난다.

"형태로서 아름다움은 물질적으로 파악될 수 있고 수의 관계, 조화, 존재의 법칙으로서 계산될 수 있다……. 그러나 형태는 근본적으로는 우리의 감각과 시각을 넘어서는 깊이와 충만함을 가진 표시sign가 아니라면 근본적으로 아름답지 않을 것이다."24)

"이것은 그 자신을 보이지 않는 하나님에로 이끌려는 전적인 인격존재의 운동이다. 이 운동은 비록 신앙을 통해 삶 속에 자리를 얻는 운동이지만, '신앙'이라는 단어로 묘사하기에는 불충분한 운동이다."25)

발타자르에 따르면 성육신을 통해 인간으로서 고난 받은 그리스도는 그 외형적 형태로는 아름답지 않을지라도, 하나님의 사랑의 광채를 인간 세상에 보여 주었다는 점에서 하나님의 아름다움의 형상, 즉 영광에 가장 근접한 아름다움이라는 것이다. 이 아름다움은 시각을 통해서가 아니라, 신앙을 동반한 영적인 명상을 통해서 얻어진다.

"따라서 구속자의 〔진정한〕 형태를 보기 위해서는 하나의 전환이 필수적이다. 그것은 우리 자신의 이미지로부터 하나님의 이미지에로의 전환이다. 그리고 여기에 특히 그리스도의 고난의 이미지에 나타난 그리스도의 형태 전체의 문제가 놓여 있다……. 고통당하신 그리스도의 이미지는 감추어진 하나님과 죄인들의 비참한 상황과 회개를 요구하며 그리스도의 고난에 대한

---

24) Hans Urs von Balthasar, *The Glory of the Lord: A Theological Aesthetics I: Seeing the Form*, p. 118.

25) Hans Urs von Balthasar, *The Glory of the Lord: A Theological Aesthetics I: Seeing the Form*, p. 121.

기억을 직접 되살리는 교회공동체의 예배의 본질에서 그 한계를 경험한 다……. 그렇게 교회는 감추어진 이미지를 단지 '믿어야' 할 뿐만 아니라, 그것을 명상해야 한다. 이 이미지 앞에서의 명상하면서 인내하는 일은 꼭 필요한 '한 가지 일'(눅 10:42)이다."26)

04 개혁주의 미학의 원리

(1) 세계에서 하나님의 영광을 봄: 일반은총의 미학

종교개혁자 칼빈은 "이는 하나님을 알만한 것이 그들 속에 보임이 라. 하나님께서 이를 그들에게 보이셨느니라. 창세로부터 그의 보이지 아니하는 것들, 곧 그의 영원하신 능력과 신성이 그가 만드신 만물에 보 여 알려졌나니"라는 로마서 1:19-20 말씀에 따라 하나님의 신성이 만물 에 분명히 나타난다는 사실에서 출발한다. 그래서 그는 세계를 '하나님 의 영광을 위한 극장'a theatre for God's glory이라고 부른다. 칼빈은 그의 로마서 주석에서 다음과 같이 말한다.

"하나님은 그 자체로 비가시적이지만, 그의 작품과 피조물 안에서 그의 위엄을 보이신다. 인간은 이들을 통해서 하나님을 인정할 수 있다. 이런 이 유로 〔바울〕 사도는 히브리서(11:3)에서 세계를 보이지 않는 세계의 거울 또는 표상이라고 부른다."27)

---

26) Hans Urs von Balthasar, *The Glory of the Lord: A Theological Aesthetics I: Seeing the Form*, p. 523.

27) John Calvin, *New Testament Commentaries: The Epistles of Paul to the Romans and Thessalonians*, trans by Mackenzie (Grand Rapids: Eerdmans, 1973), p. 31.

따라서 그는 우상숭배에 사용되지 않는 한, 세계의 아름다움을 표현하는 예술을 "인류의 공통적인 유익을 위하여 하나님께서 원하시는 자들에게 베풀어 주시는 성령의 지극히 탁월한 은사들"[28]로 생각했다. 그는 당시까지 교회로부터 '세속적'이라고 비판받던 세상^{자연, 일상생활}의 아름다움을 그림으로 표현하도록 예술가들을 격려했다.[29]

기독교와 예술의 관계에 눈을 떴던 네덜란드의 개혁신학자 아브라함 카이퍼도 예술가가 추구하는 아름다움의 원천이 하나님일 뿐만 아니라, 예술가의 재능조차 하나님으로부터 직접 온다는 점을 강조한다.

"하나님은 창조 이후에 모든 것이 좋은 것을 보셨다. 모든 인간의 눈이 닫히고 모든 인간의 귀가 막히더라도 아름다움은 여전히 남고 하나님이 그것을 보고 들으시는데, 이는 '그의 영원한 능력' 뿐만 아니라 그의 '신성'이 창조로부터 영적으로나 신체적으로 자연물에서 파악되었기 때문이라고 생각해 보라. 예술가는 자신에게서 이것을 파악할 수 있다. 자신의 예술능력이 심미안을 갖고 있는데 달려 있음을 예술가가 깨달으면 필연적으로 시원적인 심미안이 하나님 안에 있다는 결론에 이르게 된다. 그분의 예술능력은 모든 것을 산출하고, 그분의 형상을 따라 사람들 가운데 예술가가 만들어졌다."[30]

칼빈이나 카이퍼는 예술이 죄에 의해 오염되고 일그러진 세상보다 더 높은 현실, 즉 타락 이전 창조 세계의 아름다움의 일부를 보여주는 역

---

28) John Calvin, *Institutes of the Christian Religion*, ed. by John T. McNeil (Louisville: Westminster John Knox Press), II. ii. 16; 존 칼빈, 원광연 역, 『기독교강요 (상)』 (서울: 크리스챤다이제스트, 2003), p. 333.

29) 에밀 두메르그, 이오갑 역, 『칼빈 사상의 성격과 구조』 (서울: 대한기독교서회, 1995), pp. 85-89.

30) Abraham Kuyper, *Lectures on Calvinism* (Grand Rapids: Eerdmans, 1994), 156; 아브라함 카이퍼, 김기찬 역 『칼빈주의 강연』 (서울: 크리스챤다이제스트, 2002), p. 190.

할을 한다고 믿었기 때문에 예술을 높이 평가했다.[31] 그러나 칼빈은 하나님이 창조하신 세계를 통해서 하나님의 영광과 신성을 알 수 있으며 그러한 세계를 미적으로 표현해야 할 수 있다고 생각했다. 그러나 그는 이러한 미적 표현보다 더 분명하게 하나님의 영광을 드러내는 길을 제시한다. 이 길이 바로 하나님의 말씀을 성령의 조명아래 들음으로써 얻어지는 길이었다. 칼빈은 이 들음의 길이 가시적인 세계를 통해 하나님을 아는 일과 무관하거나 모순되지 않는다고 생각했다.

(2) 들음을 통한 완성

아름다운 시각예술의 가치를 부정하지 않으면서도 칼빈은 하나님을 완전하게 이해하기 위해서는 말씀을 들어야 한다는 점을 강조했다. 발타자르와의 회화적이고 명상적 신비주의와는 달리 칼빈은 말씀을 듣고 하나님을 가까이 알아가는 인지적 믿음을 중시했다. 물론 칼빈은 성령의 신비를 부정하거나 축소하려고 하지 않았다. 칼빈에게 성령은 언제나 성경과 함께 우리에게 하나님을 알도록 하는 주체였다. 따라서 성경은 '성령의 내적 증거'testimonium internum Spiritus Sancti 아래서 "우리의 주의를 다른 것에로 이끄는 사물을 순전하게 만들 뿐만 아니라, 우리의 무뎌진 눈을 돕는 망원경처럼 그 사물들을 바로 보도록 하는 치료제"[32]로 작용한다.

칼빈에게 이 세계를 통해 드러나는 하나님의 영광과 하나님의 말씀을 통해 이해하는 하나님의 영광은 서로 연결된다. 그는 히브리서 11:3의 "믿음으로 모든 세계가 하나님의 말씀으로 지어진 줄을 우리가 아나니 보이는 것은 나타난 것으로 말미암아 된 것이 아니니라"는 성경을 해석하

---

31) Peter Heslam, *Creating a Christian Worldview: A. Kuyper's Lectures on Calvinism* (Grand Rapids: Eerdmans, 1998), pp. 210-211.

32) Calvin, *Commentaries on the first Book of Moses Called Genesis,* (Edinburgh: Calvin Translation Society, 1847), p. 62; William A. Dyrness, *Reformed Theology and Visual Culture* (Cambridge: Cambridge University Press, 2004), p. 73에서 재인용.

면서 이 말씀이 앞서 말한 로마서 1:19-20과 모순되지 않음을 역설한다.

"여기서 〔바울〕 사도가 믿지 않는 사람들도 알고 있는 것을 왜 믿음에 의해서 이해해야 하는지에 대해 언급하고 있는지에 대해 질문을 할 수 있다……. 나는 이방인들이 항상 세계가 하나님에 의해 창조되었다고 생각해 왔지만, 항상 그것은 모호한vague 것이었다고 대답한다. 그들이 하나님을 상상할 때는 언제나 그들의 생각이 빠르게 혼동되어 진정한 하나님을 파악하기보다는 어둠 속에서 신성의 그림자를 불확실하게 더듬을 뿐이었다……. 따라서 〔바울〕 사도는 아주 정당하게 이러한 〔하나님에 대한 바른〕 이해는 믿음으로부터 온다고 본다. 왜냐하면 믿는 사람들은 하나님이 세계의 건축자로 생각할 뿐 아니라, 그들 마음 깊숙이 확신을 가지고 있으며 〔이 확신을 통해〕 진정한 하나님을 보기 때문이다. 게다가 그들은 하나님의 말씀의 힘이 세계를 창조하는 순간에 보였을 뿐만 아니라, 지속적으로 보존되는 세계에서 작용하고 있다고 생각하기 때문이다."[33]

즉 칼빈은 한편으로는 모든 사람에게 보이는 세계의 아름다움을 통해 하나님의 현존과 영광을 볼 수 있음을 인정하면서도 그 한계를 넘어 하나님을 바로 알기 위해서는 하나님의 말씀을 들음으로써 하나님을 더 잘 경험할 수 있다고 보았다. 이 점에서 칼빈의 말씀과 성령의 신비주의는 발타자르의 명상적 봄을 통한 신비주의와 차이가 있음을 알게 된다.

---

33) John Calvin, *New Testament Commentaries: Hebrews and I and II Peter*, trans by W. B. Johnston (Grand Rapids: Eerdmans, 1974), p. 159.

05 나가는 말

　　필자는 스위스의 가톨릭 신학자 한스 우어스 폰 발타자르의 아름다움의 미학을 칼빈과 카이퍼의 전통에 서있는 개혁주의 미학Reformed Aesthetics의 입장에서 평가하려고 시도했다. 이 작업을 위해서 필자는 먼저 발타자르의 생애와 신학적 영향관계 및 특징을 요약적으로 다루고 나서 발타자르의 신학적 미학의 특징을 다루었다. 발타자르는 아퀴나스의 전통에 서서 하나님의 영광이 세계의 형태와 광휘 속에 나타난다는 점을 존재의 유비를 통해 설명하면서 보다 더 근원적인 아름다움인 예수 그리스도의 성육신의 영적인 아름다움에 대한 깨달음으로 안내한다.

　　개혁주의 미학의 선구자 칼빈도 그의 일반은 총론을 통해 하나님의 영광이 이 세계의 아름다움—그 형태와 빛—에서 나타난다는 사실을 인정한다. 그러나 그는 발타자르처럼 예수 그리스도의 가시적인 형태에 대한 명상을 통해 신비스런영적인 아름다움을 찾는 길 대신, 성령의 조명 아래서 성경의 내러티브를 들음으로써 그리스도의 십자가와 부활에 나타난 하나님의 영광을 체험하고 깨닫기를 권한다. 왜냐하면 칼빈은 기독교의 역사에서 하나님의 형상을 가시적으로 표상하거나 표현할 때 생겨났던 우상숭배의 위험성을 누구보다도 예리하게 간파했기 때문이다. 그래서 그는 하나님을 가시적으로 표현하려는 모든 시도를 거부했다. 칼빈의 시각적 미학은 창조세계에 나타난 하나님의 신성과 영광을 추구하는 미학으로 스스로를 제한한다.

　　한스 우어스 폰 발타자르의 신학적 미학과의 대화를 통해 오늘날 개혁주의 미학에 남겨진 과제는 다음 두 가지로 정리될 수 있다.

　　첫째, 칼빈의 요청대로 말씀을 들음으로써 경험된 하나님의 영광을 또다시 표현할 수 있는가의 문제이다. 칼빈은 출애굽기 20:4에 근거하여 우상숭배를 경계하여 어떤 형태로든지 하나님을 표현하는 것에 반대했다.[34] 그러나 필자는 더 이상 하나님에 대한 표현이 우상숭배를 목적으로 하지도 않고 그런 불행한 결과를 가져오지 않는 회화, 특히 추상적이거나 상징적인 표현인 경우는 삼위일체 하나님과 그 영광을 표현하도록 허용해야 한다고 본다.[35]

둘째, 발타자르의 명상적 신비주의는 이미 2000년 가까이 동방정교의 성상Icon을 통한 예배에서 실천되어 왔다. 과연 성화를 보고 명상하면서 비가시적인 하나님의 존재와 영광을 경험할 수 있는지는 미지수이다. 비록 성화를 통한 신비적 명상주의에 동의하지 않지만, 개혁주의 미학은 발타자르의 신비주의 미학은 물론 동방교회의 미학을 좀 더 이해하기 위해 대화를 계속할 필요가 있다.

■참고문헌

김산춘, 『감각과 초월: 발타살의 신학적 미학』, 왜관:분도출판사, 2003.
레오 엘더스, 『토마스 아퀴나스의 형이상학』, 박승찬 역, 서울:가톨릭출판사, 2003.
리차드 발라데서, 손호현 역, 『신학적 미학: 상상력, 아름다움, 그리고 예술 속의 하나님』, 서울:한국신학연구소, 2001.
리차드 해리스, 김혜련 역, 『현대인을 위한 신학적 미학』, 서울:살림, 2003.
아브라함 카이퍼, 김기찬 역, 『칼빈주의 강연』, 서울:크리스챤다이제스트, 2002.
에밀 두메르그, 이오갑 역, 『칼빈 사상의 성격과 구조』, 서울:대한기독교서회, 1995.
존 칼빈, 원광연 역, 『기독교강요(상)』, 서울:크리스챤다이제스트, 2003.
W. 타타르키비츠, 손효주 역, 『미학의 기본개념사』, 서울:미술문화, 1999.

Abraham Kuyper, *Lectures on Calvinism* (Grand Rapids: Eerdmans, 1994).

---

34) John Calvin, *Institutes of the Christian Religion,* ed. by John T. McNeil (Louisville: Westminster John Knox Press), I. x.
35) 이 점에 대해 필자는 다른 기회에 새로운 개혁주의 미학의 차원이 가능함을 밝힐 것이다.

Adrian Nichols OP, *The Word has been abroad: A Guide through Balthasar's Aesthetics* (Edinburgh: T&T Clark, 1998).

Edward T. Oakes S.J., *Pattern of Redemption* (N.Y.: Continuum, 1994).

Hans Urs von Balthasar, *The Glory of the Lord: A Theological Aesthetics I: Seeing the Form* (Edinburgh and San Francisco: T&T Clark and Ignatius, 1982)

Hans Urs von Balthasar, *V: The Realm of Metaphysics in the Modern Age* (Edinburgh and San Francisco: T&T Clark and Ignatius, 1987).

Hermann Bavinck, *Reformed Dogmatik: Vol. 2: God and Creation* (Grand Rapids: Baker Academic, 2004).

Hilary Brand/Adrienne Chaplin, *Art & Soul: Signposts for Christians in the Arts* (Downers Grove: IVP, 2001).

James Bratt (ed.), *Abraham Kuyper: A Centennial Reader* (Grand Rapids: Eerdmans, 1998).

John Calvin, *Institutes of the Christian Religion,* ed. by John T. McNeil (Louisville: Westminster John Knox Press, 1960).

John Calvin, *New Testament Commentaries: The Epistles of Paul to the Romans and Thessalonians,* trans by Mackenzie (Grand Rapids: Eerdmans, 1973).

John Calvin, *New Testament Commentaries: Hebrews and I and II Peter,* trans by W. B. Johnston (Grand Rapids: Eerdmans, 1974).

John O'Donnell SJ, *Hans Urs von Baltasar* (London: Cassel, 1992).

John Riches (ed.), *The Analogy of Beauty* (Edinburgh: T&T Clark, 1996).

Peter Heslam, *Creating a Christian Worldview: A. Kuyper's Lectures on Calvinism* (Grand Rapids: Eerdmans, 1998).

William A. Dyrness, *Reformed Theology and Visual Culture* (Cambridge: Cambridge University Press, 2004).

기독교와 문학

송태현 | 백석대학교 교수

01 기독교문학이란 무엇인가?

우리나라에 기독교문학에 대해 유포되어 있는 오해 가운데 하나가 서양에는 '기독교문학'이라는 개념이 없다는 것이다. 내가 좋아하는 작가인 황금찬 시인은 이런 말을 한 적이 있다. "'기독교문학'이란 말을 사용하는 나라는 우리나라와 일본, 그리고 대만 정도다. 서양에서는 기독교문학이라는 개념^{장르}이 따로 없다." 그런데 이는 사실이 아니다. 영어나 프랑스어나 독일어에서 '기독교문학'이라는 용어가 분명 존재한다. christian literature, littérature chrétienne, christiche Literatur 라는 용어가 바로 그것들이다.

그런데 과연 어떤 작품을 기독교문학이라 일컬을 수 있을까, 기독교문학이라는 범주를 설정하는 것이 의미가 있을까, 라는 질문에 대해서는 문학연구자들마다 다양한 관점을 가지고 있다. 기독교문학에 대해 학자들이 일반적으로 동의하는 부분은, 기독교문학이라는 어떤 특정 형식이 존재하는 것은 아니라는 점이다. 기독교문학이나 비기독교문학은 그 표현 양식에서는 동일하다.[1] C. S. 루이스가 지적하였듯이 훌륭한 기적극과 경건시를 쓰기 위한 규칙은 비극과 서정시를 쓰는 데 사용하는 일반적인 규칙과 다르지 않다.[2] 기독교 시인만의 특별한 시 형식이나 기독교 소설가의 특별한 소설 형식이란 없다.

그러나 형식 문제를 넘어서서 기독교문학의 내포와 외연에 관한 문제에 대해서는 연구자들마다 각각 의견이 다르다. 어떤 이는 그리스도인이 쓴 문학작품이면 기독교적인 요소가 드러나지 않더라도 기독교문학이라 정의하는 이가 있고, 어떤 이는 기독교적 혹은 성경적 제재題材를 다루면 기독교문학이라 정의하는 이가 있다. 어떤 이는 기독교적인 주제테마가 드러나는 작품을 기독교문학이라 정의하는 이가 있다.

사실 간단하지가 않은 이 문제를 포괄적으로 고찰한 대표적인 학자는 휘튼대학교의 리런드 라이컨 교수이다. 필자는 여기서 기독교문학 연구의 권위자인 라이컨의 관점을 길잡이로 삼아 기독교문학 개념에 대한 논의를 전개해 보고자 한다. 라이컨에 의하면 작가가 기독교적 경험과 신념을 문학 작품에 반영할 수 있는 데는 크게 세 가지 방법이 있다.[3] 첫째 방법은 성경이나 기독교의 교리나 상징에 대한 인유allusion이다. 둘째는 포괄적으로 기독교적인 관점inclusively christian viewpoints을 사용하는 방법이다. 셋째는 독점적으로 기독교적 관점exclusively christian viewpoints을 전시하는 방법이다. 이들을 각각 고찰해 보자.

첫째 방법은 기독교적 소재와 관련된 것이다. 이는 성경의 인물들을 다룬다든지, 성경의 이미지와 상징을 사용한다든지, 성경의 내용(성구)을 인용하는 등의 방법을 말한다. 그러나 한 작품이 성경 내용의 인

---

1) Curt Hohoff, 한숭홍 역, 『기독교 문학이란 무엇인가?』, 두란노서원, 1986, pp. 13-15.

2) C. S. Lewis, "Christianity and Literature" in *Religion and Modern Literature*, Grand Rapids: Eerdmans, 1975, pp. 46-47.

3) 라이컨의 견해에 대해서는 다음 문헌을 참조할 것 : Leland Ryken, 최종수 역, 『상상력의 승리』, 성광문화사, 1982, pp. 195-213. ; Leland Ryken, *Culture in Christian Perspective*, Portland: Multnomah Press, 1986, pp. 195-217.

유를 담고 있다고 해서 기독교 문학으로 인정받을 수는 없다. 신화와 마찬가지로 성경은 인간 경험의 원형을 이루는 다양한 이미지와 이야기를 담고 있어서 비그리스도인 작가들도 (신화에서 모티프를 발견하는 것과 마찬가지로) 종종 성경에서 자신의 문학의 모티프를 발견하기도 한다. 그리고 그 작가들은 성경의 내용을 활용하긴 하되 자신의 문학 속에서 그 내용을 변형하기도 한다. 즉 그들은 성경의 내용을 자기 식으로 재창조하는 것이다. 라이컨이 제시하는 예들을 살펴보자. "노인과 젊은이의 비유담"이라는 제목의 시에서 윌프레드 오웬은 아브라함과 이삭의 이야기를 다루면서 성경의 내용을 변경하여 아브라함이 '교만의 수양'을 죽일 것을 거부하고 그 대신 자기 아들을 살해한다. 루이스 엔델마이어는 "골리앗과 다윗"이라는 시에서 골리앗이 자신의 파괴력을 후회하고, 다윗은 자기의 돌멩이를 내어버리고는 골리앗에게 '같이 놀자'고 말한다. 『신앙의 눈으로 본 문학』의 저자들도 소로Henry David Thoreau가 『월든』에서 '봄'에 대한 이야기를 "오 죽음아! 너의 쏘는 것은 어디에 있었는가? 오 무덤아! 그 때 너의 승리는 어디에 있었는가?"로 마무리하지만, 성경 구절을 인유한다는 그 사실로써 소로의 이 작품이 기독교문학이 될 수 없음을 지적한다.[4] 소로는 사상적으로 범신론적 경향의 초절주의超絶主義, Transcendentalism를 신봉하는 작가로서 이 작품에 그러한 사상이 반영되어 있는 것이다. 한국문학의 경우에도 김동리의 『사반의 십자가』(1955)나 이문열의 『사람의 아들』(1982)에는 예수라는 인물이 다루어져 있기는 하지만, 그렇다고 해서 이 작품들을 기독교문학이라 말하기는 힘들다. 김은국의 『순교자』는 육이오 전쟁 당시 공산 치하에서 박해를 받던 목사들의 삶을 다루었지만 이는 오히려 반기독교적인 요소(신 목사의 신앙)를 지니고 있다.

둘째 방법은 포괄적으로 기독교적인 관점을 사용하는 것인데, 이는

---

4) Susan V. Gallagher & Roger Lundin, 김승수 역, 『신앙의 눈으로 본 문학』, 한국기독교학생회출판부, 1997, p. 154.

기독교 신앙이 다른 종교나 윤리의 관점과 중복이 되는 넓은 영역에 속하는 경우이다. 여기에 해당하는 작품으로서 라이컨은 자연시와 사랑의 시와 같은 많은 서정시들을 들고 있다. 물론 범신론적인 태도를 지니는 자연시나 불의한 사랑을 찬양하는 시와 같이 기독교 신앙과 양립할 수 없는 서정시는 예외이다. 현실의 해석에는 별 관심이 없고 인생의 거울 역할에 만족하는 문학이 여기에 속한다. 그리고 현대 사회에서 기독교적 가치와 무관하게 살고 있는 인간들의 불행, 절망, 향락을 묘사하는 많은 현대 문학도 이 범주에 속한다. 비록 기독교적 관점에 의해 창작되지 않았을지라도 이러한 작품들은 인간의 타락에 대한 기독교적 관점을 어느 정도 드러내기 때문이다. 가령 영국 소설가 올더스 헉슬리는 『멋진 신세계』에서 무비판적이고 과도한 과학문명이 발전한 결과 인간성의 상실을 초래하고 만 미래사회의 모습을 그렸다. 그 사회의 인간은 출생 때부터 인공수정에 의해 대량생산되어 지배자 계급과 피지배자 계급으로 운명이 결정되어 버리는 것이다. 올더스 헉슬리는 자신이 그리스도인이 아님에도 불구하고 현대 사회에 나타난 기독교적 휴머니즘의 가치 몰락을 개탄하고 있는 것이다. 기독교적 원리와는 어울리지 않는 삶을 살았던 오스카 와일드의 경우 기독교적 이념('이기적이어서는 안 된다')에 동감하는 이야기를 짓기도 했다.[5] 심훈의 경우에도 그가 그리스도인이라는 증거가 없지만 소설 『상록수』에서 기독교적 희생정신을 높이 인정하고 있다. 비그리스도인의 작품에도 기독교와 공유하는 면이 드러날 수 있는 것은 '일반 은총', 다시 말해 하나님은 신자나 불신자를 막론하고 모든 사람들에게 얼마간의 선한 특질과 타고난 축복을 부여하셨기 때문이다.

세 번째 종류의 기독교 문학은 독점적으로 기독교적 관점을 드러내는 문학이다. 이는 그 주제가 분명하게 기독교 신앙에 관한 문학이다. 여기서는 어떤 소재라도 상관없다. 그 작품이 기독교 세계관을 표현하는

---

5) 같은 책, p. 151.

것이 관건이다. 하나의 문학 작품이나 한 작가의 작품 전체가 하나님을 최고의 지위에 높이고, 생의 모든 영역을 하나님께 관련시킨다면 이는 기독교적 세계관을 소유하고 있는 것으로 인정할 수 있다. 기독교적인 소재를 다룰 수 있지만, 그렇지 않더라도 가능하다. 기독교세계관이 드러나는 문학이라면 굳이 기독교 용어를 사용하지 않아도 기독교문학이 될 수 있다. 가령 밀턴의 "리시다스 Lycidas"라는 시는 표면적으로는 고전주의적인 시로서 고전적 신화에 대한 인유로 가득하지만, 이는 단순히 시적 외형에 불과한 것이고 그 주제나 사상은 영생, 천국, 하나님의 직접적인 섭리, 그리스도의 대속 등 분명히 기독교적 교리를 주장하고 있는 것이다.

라이컨은 문학 작품이 기독교적 관점을 구현할 수 있는 다양한 방법을 인정하는 하나의 연속체를 염두에 두어야 한다고 말한다. 하지만 위의 세 가지 가운데 '기독교 문학'에 가장 잘 어울리는 것은 세 번째 종류의 문학이다. 기독교적 소재를 다루더라도 심지어는 반기독교적인 작품도 있을 수 있고, 포괄적으로 기독교적인 관점은 작가가 비그리스도인일 경우 아무리 진리의 일부를 공유한다고 할지라도 그가 쓴 작품을 기독교문학이라고 말할 수는 없다는 난점을 지닌다. 라이컨은 '기독교문학'이란 명칭은 세 번째 종류의 문학, 다시 말해 독점적으로 기독교적 관점을 드러내는 문학에게 주어져야 한다고 (조심스럽게) 주장한다.

라이컨은 이 논의에서 작가가 그리스도인인지에 대해서는 특별한 강조를 하지 않았지만 '독점적으로 기독교적 관점'에서 그 작가가 그리스도인인 것은 전제가 되어 있다고 보아야 한다. 예를 들어 이청준의 소설 『낮은 데로 임하소서』에는 독점적으로 기독교적인 관점이 담겨 있음을 부인하기 힘들다. 그렇지만 작가 자신은 그리스도인이 아니기에 이 작품을 기독교문학이라 지칭하기는 곤란하다.

02 서양의 기독교문학

기독교가 서양에 전래된 후 서양이 '기독교사회'가 됨으로써 기독교는 문화에서 주류로 자리 잡았다. 이교적인 문화가 여전히 남아 있기도 하고, 또한 이교적인 문화와 기독교가 혼합되기도 했지만 기독교는 문화의 모든 영역에 점차 그 뿌리를 내려갔다. 서양에서 기독교가 퇴조할 때까지 서양의 문학은 기독교적인 영향 하에 있었기에 특별히 '기독교문학'에 대해 언급할 필요를 느끼지 못했다. 쿠르트 호호프에 의하면 '기독교문학'이란 개념은 낭만주의 이후에 생겨났으며, 이는 타 문학에 대한 대립 개념으로 쓰였다.[6] 다시 말해 사회 전반에서 기독교가 더 이상 주된 자리를 차지하지 못함에 따라 문학에서도 기독교적인 문학은 이제 주류 문학에서 점점 밀려 나고 마침내는 문학 가운데 한 종류의 수준으로 떨어졌을 때 기독교문학이라는 의식이 부각된 것이다.

기독교문학의 중요한 출발점은 아우구스티누스Aurelius Augustinus, 354~430의 『고백록』이라 할 수 있다. 『고백록』은 유년기부터 출발하여 방종한 생활과 마니교 입교로 얼룩졌던 청소년기, 밀라노의 주교 암브로시우스에게 영적인 감화를 받고 세례를 받는 일, 자식을 위해 간절히 기도했던 어머니 모니카의 죽음, 주교가 되고나서 마흔 다섯이 될 때까지의 삶 등을 기도하는 마음으로 회상해낸 사실들을 기록한 작품이다. 이는 루소의 『고백록』, 톨스토이의 『고백록』과 함께 세계 '3대 고백록' 가운데 하나로 꼽히는 작품이다. 아우구스티누스의 『고백록』은 삶의 방향을 거쳐 마침내 "당신의 품안에 안길 때까지 우리 마음엔 안식이 없나이다"라고 고백하는 그리스도인의 영적인 자서전이다.

아시시의 프란체스코(1182-1226)도 훌륭한 시인이다. 그가 병상에서 쓴 성가 "태양의 찬가", 그의 기도문 "주여 나를 평화의 도구로 써주

---

6) Curt Hohoff, 위의 책, p. 11.

소서", 그의 시집『작은 꽃』에 실린 "새들에게의 설교"는 그 예술성을 인정받으며 오늘날에도 애송되고 있다.

서양에서 본격적인 기독교문학의 출발점은 이탈리아 시인 단테 알리기에리Dante Alighieri, 1265~1321의 『신곡』神曲, La Divina Commedia이라 할 수 있다.[7] "단테의 신곡은 중세기 천 년 간의 침묵의 소리다."라고 칼라일은 말했다. 단테의 대표작인『신곡』은 1308년부터 생애의 마지막 해인 1321년 사이에 창작한 불후의 서사시이다.

『신곡』은 성경과 아우구스티누스 및 토마스 아퀴나스의 신학뿐 아니라 그리스-로마의 다양한 고전, 플라톤의 우주론, 프톨레마이오스의 천문학 등의 영향을 받은 작품으로서, 중세의 방대한 학문을 총괄하고 그리스의 호메로스와 로마의 베르길리우스가 토대를 놓은 장편서사시의 전통을 계승한 고전이다. 어두운 숲에서 길을 잃은 단테가 베르길리우스와 함께 지옥과 연옥을 차례로 방문하여 천태만상의 인간들의 죄와 벌을 목격하고, 베아트리체와 성 베르나르의 안내로 천국의 신비를 경험하는 것을 주된 내용으로 하는 작품이다.

신곡은 지옥Inferno, 연옥Purgatorio, 천국Paradiso 등 세 편으로 이루어져 있다. 아홉 구역으로 분류된 지옥은 영원한 슬픔과 괴로움의 세계이다. 한편 일곱 개의 구역으로 구성된 연옥은 구원받은 영혼이 천국에 들어가기 전에 우선 그 죄를 정화하는 곳이다. 그리고 열개의 구역으로 되어 있는 천국은 인간들이 신에게로 이르는 길을 제시하고 그 결말은 기쁨으로 넘쳐흐른다. 단테는 이 작품을 통해 지옥에 울고, 연옥에서 기대했으며, 천국에서 웃었다. 단테는 자신의 이 서사시에 'Commedia'희극라고 제목을 붙였는데, 그 이유를 다음과 같이 설명하고 있다. "희극은 추한 것으로부터 시작되지만, 그 내용에서 즐겁게 끝을 맺는다." 그렇기에 단테는 먼저 지옥으로 여행을 하며, 마지막에 천국을 여행하는 것이다.

---

7) 단테에 대해서는 다음 문헌을 참조할 것 : Dante Alighieri, 김운찬 역, 『신곡』, 열린책들, 2007. ; 김운찬, 『신곡-저승에서 이승을 바라보다』, 살림, 2007.

여행 도중에 수많은 신화적 혹은 역사적인 인물들을 만나 대화를 나누며 기독교 신앙에 토대를 둔 죄와 벌, 기다림, 그리고 구원에 관해 철학적이고 윤리적인 고찰을 할 뿐만 아니라 중세 시대의 신학과 천문학적 세계관을 광범위하게 전하고 있다. 기독교가 삶의 틀이었던 중세의 세계관이 총체적으로 집약되어 있는 이 작품은 이탈리아 문학의 꽃으로 손꼽히고 있다.

기독교문학이 대중화되기 위해서는 문자의 보급, 인쇄술의 발명과 종교개혁을 기다려야 했다. 초대 교회는 박해 때문에 시나 소설 같은 허구적인 작품을 창작하기보다 변증으로 신앙의 박해에 맞섰다면, 중세 교회는 이성과 윤리가 지배하여 개인의 자유로운 감정을 억눌러 왔다. 르네상스와 종교개혁을 거치면서 개인의 감성과 상상력이 허용이 되고 기독교문학도 꽃을 피우게 된다.[8] 라틴어성경불가타 Vulgata만이 공식 성경으로 인정되던 시기에 종교개혁자들은 목숨을 걸고 자국어 성경을 번역함으로써 성경의 확산 및 문자의 확산을 낳았다. 특히 1611년에 출판된 흠정역성서欽定譯聖書 Authorized [King James] Version of the Bible는 '영어 산문의 가장 숭고한 금자탑'으로 평가되며 그 장중하면서도 유려한 문체, 그 문학적 향기로 인해 많은 문인들에게 큰 영향을 미쳐왔다. 그리고 독일에서는 루터가 번역한 신약성경이 그러한 역할을 감당해 왔다.

밀턴의『실낙원』과 번연의『천로역정』, 다니엘 디포의『로빈슨 크루소』, 찰스 디킨스,『크리스마스 캐럴』, C. S. 루이스의『나니아 연대기』등도 중요한 기독교문학 작품으로 분류된다. 영문학에서는 이 이외에 대표적인 기독교 작가로는 장편서사시『요정 여왕 The Faerie Queene』을 쓴 스펜서Edmund Spenser, 1552/53~1599, 조지 허버트George Herbert, 존 던John Donne, T. S. 엘리엇 등의 시인이 있다. 미국 문학에서는『주홍글자』를 지은 나다나엘 호손이 대표적인 기독교문학으로 인정

---

8) 홍문표,『기독교문학의 이론』, 창조문학사, 2005, p. 584.

받고 있다.

가톨릭의 전통이 강한 프랑스문학에서는 『레미제라블』의 작가 빅토르 위고, 프랑수아 모리악, 조르주 베르나노스를 비롯하여 저명한 가톨릭 작가들이 많이 있으나 개신교 작가는 드문 편이다. 하지만 『좁은 문』과 『전원 교향곡』을 쓴 개신교 작가 앙드레 지드는 특기할 만하다. 한편 러시아 정교 전통의 도스토예프스키는 『죄와 벌』을 비롯한 탁월한 기독교문학 작품을 남겼다.

우리는 한정된 지면에서 서양의 기독교 문학을 개관할 수 없다. 여기서 우리는 범위를 개신교로 한정시켜 개신교 문학상 가장 중요한 영향을 미쳐온 작가인 밀턴, 번연 그리고 C. S. 루이스를 간략히 살펴보는 것으로 만족하겠다.

(1) 밀턴John Milton, 1608~1674

영국의 시인 존 밀턴은 아버지로부터 청교도적인 신앙과 예술적인 소질을 물려받았으며, 어릴 때부터 르네상스의 학문 연구에 몰두하였다.[9] 이미 소년시절에 밀턴은 라틴어, 그리스어에 통달하였고, 프랑스어와 히브리어를 능숙하게 구사하였다. 그는 가정교사인 청교도 신학자 토마스 영Thomas Young에게서 어린 시절부터 문학과 신학의 지도를 받았다. 그리고 그는 스펜서Spenser를 비롯한 문학가들의 작품에 탐닉하며 문학의 소양을 닦아 나갔다. 결국 르네상스의 인문주의와 청교도주의가 밀턴의 사상을 형성하였다.

밀턴은 "철두철미한 청교도였으나 미美를 대단히 사랑한 사람"이었으며 "영적인 사람인 동시에 정치적 행동가"였다.[10] 그는 대학에서 신학

---

9) 밀턴에 대해서는 다음 문헌을 참조할 것 : 조신권, 『청교도 신앙과 문학의 탐구』, 동인, 2002.; 조신권, 『청교도 신앙과 문학의 탐구』, 총신대학교출판부, 2005.

10) Gene Edward Veith Jr, 김희선 역, 『그리스도인에게 문학의 역할은 무엇인가?』, 나침반, 1994, p. 298.

을 공부하여 성직자의 길을 가려고 했으나, 뜻을 돌이켜 시인의 길을 간 것은 당시 부패한 영국 국교회의 성직자가 되기를 원치 않았기 때문이며, 또한 자신의 소명이 시작詩作에 있음을 깨달았기 때문이다. 그러나 성직자의 길을 포기하고, 본격적인 시인의 길을 준비하던 밀턴도 고국의 정치적 동란 속에서 문학 속에만 머물러 있을 수가 없었다.

여행 도중 귀국한 밀턴은 타락한 정부와 국교회에 대항하여 자유를 위한 투사로 나서게 된다. 그는 자유에 대해서도 강렬한 소명 의식을 가지고 있었던 것이다. 그는 종교의 자유, 언론의 자유, 정치의 자유, 가정의 자유를 위해 현실 참여적인 책들을 발간하며 투쟁하였다. 그 가운데 언론의 자유를 주장한 글 『아레오파지티카 Areopagitica』(1644)는 근대의 민주적 언론관 형성에 큰 영향을 미쳤다.

청교도 혁명 지도자 크롬웰의 라틴어 비서관이 되어 공화제를 옹호하는 등 열렬한 정치 활동과 왕성한 작품 활동으로 밀턴은 1652년에 시력을 잃게 된다. 1660년이 되자 크롬웰의 공화제가 무너지고 왕정이 복고되어 자신도 감옥에 갇히는 등의 어려움 속에서 밀턴은 『실낙원 Paradise Lost』, 『복낙원 Paradise Regained』, 『투사 삼손 Samson Agonistes』과 같은 만년의 3대 거작을 집필하였다.

'가장 위대한 청교도 시인' 밀턴의 최대 걸작은 역시 『실락원失樂園』이다. 실명상태에서 절대고독과 실의의 삶 속에서 그는 어려서부터 꿈꾸던 평생의 역작을 시도한 것이다. 결국 그는 이 작품으로 호메로스, 베르길리우스, 단테와 더불어 세계 4대 서사 시인 중 한 명으로 인정받게 된다. "단테의 『신곡』이 구교의 종교관을 그린 대표작이라면, 밀턴의 『실낙원』은 신교의 종교관을 노래한 대표적인 서사시이다."[11] 실명한 상태에서도 곁에 있는 사람에게 성경을 읽게 하고 말씀을 명상하던 밀턴은 창세기의 내용에 상상력을 활용하여 살을 붙이고, 재해석하고 재구성하

---

11) 김희보, "기독교문학사개관" in 『기독교 사상』, 1970년 4월호, p. 150.

는 작업을 실행하였다.

『실낙원』은 모두 12권(처음에는 10권이었으나 후에 작가가 증보)으로 구성된 대장편 서사시이다. 눈이 먼 뒤에 딸 혹은 친지에게 구술하여 20년에 걸쳐 구성한 작품으로서 그 내용은 주로 구약성서 창세기에서 빌어 왔다. 천군천사 진영과 사단의 세력 간의 대결, 에덴동산에서의 인간 창조, 인간의 타락과 낙원 상실 과정을 그린 후 마지막 권에는 '여자의 후손'에 대한 예언으로 인해 인류의 미래에 새로운 희망을 암시한다.

『실낙원』에 이어서 내놓은 『복낙원復樂園』과 『투사 삼손』은 1671년에 한 권으로 출판되었다. 『복낙원』은 그리스도가 광야에서 사단의 유혹을 물리치는 내용을 담은 서사시이다. 『복낙원』 제1권 '해제'에서 밀턴은 다음과 같이 말하고 있다. "먼저 『실낙원』에서 인간의 타락을 노래하였으나 여기서는 낙원의 회복을 노래한다." 이 작품에서 등장인물은 그리스도와 사단으로서 이들의 대결이 주된 내용을 차지하고 있다. 첫 인간의 불순종이 초래한 실낙원을 예수의 하나님 아버지에 대한 진정한 순종이 낙원을 회복시킴을 그리고 있다.

실낙원, 복낙원에서 제기한 유혹에 대항하는 투쟁이라는 주제를 밀턴은 『투사 삼손』에서도 계속 이어간다. 『투사 삼손』은 구약성서의 사사기에 나오는 영웅 삼손이 물질과 육체의 노예 상태에서 돌이켜 하나님의 사람으로 새롭게 변모해 가는 과정을 그린 작품으로서 유혹에 대한 투쟁과 그 극복이 감당하는 중요한 역할을 그리고 있다.

『실낙원』 등 후기 작품에서 밀턴은 청교도 주의적 세계관을 시적으로 형상화하였다. 일반적으로 청교도는 칼뱅주의를 신봉하지만 밀턴은 인간 이성의 존엄성을 크게 신봉했다는 점에서 칼뱅의 노선에서 벗어나서 기독교 휴머니즘으로 기울게 되었다. 그리고 그는 인간 의지의 자유를 주장하고 개인의 도덕적 책임을 강조한 점에서 칼뱅적이기보다는 아르메니우스적인 경향이 강하다. 그는 자유의지는 하나님의 예지 속에 있지만 그 예지가 자유의지를 강제하지 않고 허용해 주는 관계라고 파악하였다. 그는 구원의 은총은 중보자인 예수 그리스도를 통해서 오직 하나님으로부터 오는 것임은 명백히 했다.[12] 첫째 아담에 의해 잃어버린 낙원은 둘째 아담 예수를 통해 드디어 되찾을 수 있게 된 것이다.

(2) 존 번연John Bunyan, 1628-1688

존 번연은 청교도적인 전통이 강한 영국 베드퍼드셔의 엘스토우에서 태어났다.[13] 아버지는 가난한 땜장이어서 존 번연에게 정규교육을 조금밖에 시키지 못했다. 스물한 살에 번연은 신앙심 깊은 여인과 결혼했는데, 아내가 결혼지참금 대신 가져온 두 권의 책에 이끌리어 신앙생활을 하게 되었으며 이 책들로부터 많은 영향을 입었다. 신앙의 자유가 제한되었던 시대에 번연은 땜장이 일을 하면서 평신도 설교자로 사역하다가 영국 국교도 목사가 아니라는 이유로 두 차례에 걸쳐 모두 12년을 수감 생활을 한 후, 또 다시 6개월간 감옥 생활을 했다. 그의 능력 있는 설교는 수많은 회심자들을 낳았던 것이다.

감옥 생활 도중에 번연의 아내는 세상을 떠났다. 구두끈을 만들어 팔아 빈곤한 살림을 꾸려가던 아내가 죽자 번연의 네 자녀는 스스로의 생존을 책임져야 했다. 이 고통의 상황에서 번연은 자신이 주님을 위해서 무엇을 해야 할지를 물었다. 기도 중에 그는 글을 쓰라는 주님의 음성을 들었고 주의 나라를 향해 걸어가는 한 사람을 환상 가운데 보았다고 한다. 이때부터 존 번연은 감옥 안에서 『천로역정』天路歷程, The Pilgrim's Progress을 집필하기 시작했다고 한다.

제1편(정편)은 작가가 12년간의 감옥생활을 하고 나서 1675년에 다시 투옥되었을 때 집필하여, 1678년에 출판되었고, 제2편(속편)은 1684

---

12) 김태규, "밀턴의 '실낙원'에 나타난 구원관" in 조신권 편, 『영문학과 종교적 상상력』, 동인, 1994, pp. 167-194.

13) 번연에 대해서는 다음 문헌을 참조할 것 : John Bunyan, 이동진 역, 『천로역정』, 해누리기획, 2007. ; 조신권, 『청교도 신앙과 문학의 탐구』, 동인, 2002.

년에 출판되었다. 알레고리 소설인 이 작품은 작가가 꾼 꿈 이야기를 들려주는 형식으로 이루어져 있다. 제1편은 주인공 크리스천이 등에 죄의 무거운 짐을 지고, 손에는 한 권의 책(성서)을 들고 고향인 '멸망의 도시City of Destruction'를 떠난다. 도중에 고집쟁이, 세속 현자 등 여러 인물들을 만나며, '낙담의 늪' '죽음의 계곡' '허영의 거리'를 지나, 갖은 낙관과 역경 끝에 결국 '하늘의 도시Celestial City'에 도착하는 여정을 그렸다. 제2편에서는 크리스천의 아내크리스티나와 네 아들이 크리스천의 뒤를 따라 순례에 나서 마침내 죽음의 강을 건너 하늘에 이르는 과정을 그렸다.

번연의 이 책에 대해 찰스 스펄전은 '성경 이후 최고의 걸작'이라고 극찬했다. S. T. 콜리지는 이 책을 "가장 탁월한 복음주의 신학대전"이라고 불렀다.[14] 그리고 이 책에는 흔히 "성경 다음으로 가장 많이 읽힌 서적"이라는 별명이 붙어 있다. 이 작품은 간결한 언어를 구사하여 진지한 신앙과 풍부한 인간관찰을 묘사하여 영국의 근대문학의 선구로서, 영국문학 발전에 기여한 바 크다. 헤인은 "청교도주의Puritanism의 진수眞髓에 대한 가장 강력한 문학적 표현"을 이룩한 작품으로 간주한다.[15]

이 작품이 후세에 끼친 영향은 매우 크다. "천로역정은 영국적 전통의 주류主流 속에 청교도 정신을 보다 깊게 스며들게 했던 주된 통로 중의 하나였다."[16] 이 작품은 C. S. 루이스의 『순례자의 귀향 The Pilgrim's Regress』에 모본이 되었던 작품이기도 하다. 아브라함 링컨은 이 책 거의 전부를 암기할 정도로 애독했다고 한다. 『천로역정』은 조선 후기인 1895년에 선교사이자 장로교 목사인 제임스 게일James S. Gale, 1863~1937이 번역, 소개하였다. 이는 일본어 중역을 거치지 않은, 근대의 첫 번역소설로서 길선주를 비롯한 한국의 많은 그리스도인들에게 큰 영향

---

14) 유성덕, "The Pilgrim's Progress에 나타난 Biblical Allegory의 특징" in 조신권 편, 앞의 책, p. 255.

15) Rolland Hein, *Christian Mythmakers*, Chicago, Cornerstone Press, 1998, p. 16.

16) 조신권, 『청교도 신앙과 문학의 탐구』, p. 131.

을 끼쳤다.

그리스도인에게 이 땅의 인생은 여행이요 나그네 길로서, 우리는 하나님과 함께 하는 영원한 삶에 대한 갈망을 지니고 살아야 한다. 번연은 그리스도인의 일생이 멸망의 도시를 떠나 하늘의 도시를 향해 나아가는 순례의 여정이라고 보았다. 그리고 인간을 그 여정 가운데서 수많은 시련을 겪고 유혹과 투쟁해야 하는 존재로 보았다. 번연은 영국 국교만을 인정하고, 비국교도를 박해하는 시기 속에서 극심한 고통을 겪은 사람이다. 그러나 이러한 시기 가운데서도 그는 "인간을 구원하는 방법이 정치 계급이나 사회계층에 대한 투쟁에 있지 않고 바로 인간의 영혼을 위한 투쟁에 있다."는 소신을 가지고 있었다. 이러한 원칙에는 동의하더라도 개혁주의의 입장에서는 이 세상의 변혁에 대한 갈망과 노력이 결여되어 있는 점은 이 작품의 아쉬운 점으로 평가할 것이다.

번연은 평생 60권의 책을 저술했다. 그는 『천로역정』(1678, 1684)을 비롯하여 『죄인의 괴수에게 넘치는 은혜 *Grace Abounding to the Chief of Sinners*』(1666), 『악인의 삶과 죽음 *The Life and Death of Mr. Badman*』(1680), 『거룩한 전쟁 *The Holy War*』(1682), 『소년 소녀를 위한 책 *A Book for Boys and Girls*』(1686) 등의 작품을 집필하였다.

(3) C. S. 루이스Clive Staples Lewis, 1898~1963

C. S. 루이스는 20세기를 대표하는 기독교 사상가이자 작가이다. 루이스는 평생 약 40권의 저서를 출간했고, 그 외에도 그의 다양한 글들시론, 편지, 시이 사후에 20여권의 선집으로 출간되었는데, 루이스의 책은 오늘날에도 연간 600만 부 정도가 팔리고 있을 만큼 기독교계에 미치는 그의 영향력은 대단하다.

『16세기 영국 문학』, 『비평의 실험』, 『중세 및 르네상스 문학 연구』

와 같은 저서들을 통해 영문학 연구에 큰 기여를 한 학자였던 C. S. 루이스는『나니아 나라 이야기』그리고『침묵의 별 탈주』를 비롯한 우주 소설 3부작 등 기독교적 관점에서 판타지와 과학소설SF을 쓴 작가였으며, 『고통의 문제』, 『순전한 기독교』, 『스크루테이프의 편지』등의 기독교 변증서를 집필하기도 하였다. 기독교적 관점에서 쓴 다양한 서적들을 통해 그는 수많은 기독교 학자들과 문필가들 그리고 예술인들에게 큰 영향을 미쳐 온 저명한 사상가였다. 그는 그리스도인 지성인들이 지향하는 '신앙과 학문의 통합'에 가장 훌륭한 모델을 제시한 학자로 평가받을 수 있을 것이다.

오랜 기간의 무신론자 시절을 마감하고 기독교로 회심한 바로 그 해 (1931)부터 루이스는 글로써 복음을 전하고자 하는 열망을 가지게 된다. 『순례자의 귀향』(1933)을 필두로 루이스는 계속적으로 기독교 작품들을 출간하였다.

C. S. 루이스가 즐겨 사용한 작품 양식은 환상문학판타지이다. 루이스가 활동할 당시의 지배적인 취향은 최소한 내용의 리얼리즘realism of content을 요구했다. 19세기 소설의 위대한 성취로 인해 우리는 '내용의 리얼리즘'을 기대하고 높이 평가하도록 훈련되어 왔다. 반면에 낭만적인 것, 목가적인 것, 환상적인 것들에는 '도피주의'라는 낙인을 찍어서 무시하고 경멸하려는 경향이 널리 퍼져 있다. 될 수 있으면 이러한 작품을 읽지 말라고 충고하기도 한다. 내용의 사실주의를 지닌 작품은 '실생활real life'을 보여주지만, 그렇지 않은 문학은 '인생에 대한 그릇된 그림false picture of life'을 제시하며, 따라서 독자를 속인다는 것이다.[17]

이러한 관점이 주류 문학의 견해로 형성되면서 어린이 환상동화, 판타지, 과학 소설 등 이 모두가 진지하지 못하고 열등한 문학으로 평가되어 왔다. 넓은 의미의 '환상문학'은 주변화되었으며 하위문학으로 인정되

---

17) C. S. Lewis, *An Experiment in Criticism*, Cambridge: Cambridge University Press, 1999, pp. 57-60.

어 온 것이다. 루이스는 이러한 주류 관점에 맞서 환상문학도 얼마든지 걸작의 반열에 들 수 있음을 역설하였다. 루이스가 '환상문학' 양식을 사용한 것은 인간이 갈망하는 초월의 세계, 그리고 신성 혹은 신비를 다루기에는 사실주의보다 '환상문학' 양식이 더욱 적합하다고 판단한 것이다.

루이스의 작품 가운데 가장 많은 사랑을 받아온 작품은 『나니아 나라 이야기』이다. 루이스는 나니아 이야기 전체가 그리스도에 관한 이야기임을 인정한다. 그 이야기는 "나니아와 같은 세상이 있는데, 거기에 악이 들어와 타락해 가기 때문에 그리스도가 그 세상에 가서 구원하신다면, 어떤 일이 전개될까?"라는 질문에 대한 루이스 자신의 대답이다. 그렇다면 그리스도가 왜 사자로 등장하는가? 그것은 나니아가 말하는 짐승들의 세계이기 때문이다. 우리 인간이 사는 세상에서 그분이 인간이 되셨듯이, 말하는 짐승들의 세계에서 그리스도는 말하는 짐승이 되신 것이다. 루이스의 『나니아 나라 이야기』는 그 속에 기독교성이 직접 드러나 있지 않으나 여기에는 성경의 핵심적인 주제들이 은밀히 담겨져 있다. 루이스 자신은 그 시리즈에서 다룬 내용을 다음과 같이 정리한다.[18]

『마법사의 조카』 : 나니아의 창조와 악의 기원

『사자와 마녀와 옷장』 : 십자가 수난과 부활

『캐스피언 왕자』 : 타락 이후의 진정한 종교 회복

『말과 소년』 : 불신자의 부르심과 회심

『새벽 출정호의 항해』 : 영적인 삶

『은의자』 : 어둠의 권세에 대항한 끊임없는 전쟁

『마지막 전투』 : 적그리스도의 출현, 세상의 종말과 마지막 심판

---

18) 이는 루이스가 1961년 한 소녀에게 보낸 편지 속에 들어있는 내용이다. Walter Hooper, *C. S. Lewis : A Companion & Guide*, New York: HarperCollins, 1996., pp. 425-426.

03 기독교의 전래와 한국 기독교문학

한국문학에서 기독교 세계관이 반영된 최초의 작품은 무엇일까? 몇 몇 연구가들은 최초의 국문소설인 『홍길동전』에서 기독교적 요소를 발견할 수 있다고 주장한다. 작자인 허균이 중국에 기독교를 접한 후 기독교문헌주기도문을 가지고 귀국하였다는 기록이 있고, 또한 허균이 기독교 신자였음을 암시하는 여러 문헌들이 있다. 『홍길동전』에 나타난 박애사상, 평등사상 등이 기독교의 영향에 의한 것이라는 주장이 제기된 바 있다.19)

고전 소설 가운데 대표적인 작품인 『춘향전』도 기독교적인 영향을 받았음을 주장하는 학자도 있다. 오윤태는 『춘향전』을 당시 종교적 박해를 당하던 서학교도들이 고대하던 재림 예수를 형상화한 작품으로 보았다. 춘향은 박해 받는 신도요, 이도령은 구원자의 상징적 인물이라는 것이다.20) 한편 독일 작가 하랄드 쿤츠는 『심청전』의 심청을 기독교적 구원자로 보는 견해를 제시하기도 했다.21)

한국 가톨릭교회의 창시자 이벽(1754~1786)에게서 우리는 최초의 명시적인 기독교가톨릭문학을 볼 수 있다. 이벽은 일찍이 주자학의 모순을 깨닫고 새로운 사상을 모색하던 터에 청나라에서 유입된 서학서西學書를 열독하였다. 그는 서학을 독학하여 자발적으로 천주교를 수용하였다. 그는 1779년 경기도 광주의 천진암 주어사에서 강학회講學會를 열어 권철신, 정약전, 정약용, 이승훈 등의 유학자들에게 자신의 서학 지식을 전수하였다. 이로써 우리나라에 자생적으로 가톨릭 신앙운동이 일어나게 되는

---

19) 한국 고대 소설에 대한 기독교적 시각에 대해서는 다음 문헌을 참조할 것 : 소재영 외, 『기독교와 한국문학』, 대한기독교서회, 1993, pp. 42-54. ; 김경완, 『한국소설의 기독교 수용과 문학적 표현』, 태학사, 2000.; 김경완, 『고대소설과 개화기 소설의 기독교적 의미』, 월인, 2000.

20) 오윤태, "천주교와 춘향전의 관련성에 대한 사적 검토" in 『한국기독교사』(2), 혜선문화사, 1979.

21) 하랄드 쿤츠, "심청, 구원의 실현자" in 『문학사상』, 1973, 10.

계기를 만들었다. 그가 지은 "천주공경가天主恭敬歌"는 '천주가사의 효시'가 되는 작품이다. 4·4조로 된 이 시에서 이벽은 영혼불멸과 천주공경을 강조하였다.22)

최양업(1821~1861)은 김대건과 함께 조선인 신학생으로 선발되어 1837년 6월 마카오에 도착하여 1842년까지 신부수업을 받고, 김대건에 이어 두 번째 조선인 신부가 되어 조선에 입국하였다. 김대건 순교 후 유일한 조선인 신부로서 그는 전교에 매우 힘쓰다가 과로로 쓰러졌고 식중독이 겹쳐 사망하였다. 그는 일반 대중이 가톨릭 교리를 쉽게 이해하고 노래할 수 있도록 4·4조의 가사 형식으로 천주가사를 작사하였다. 영원한 본향을 향해 나아가는 순례자의 길을 그린 "사향가思鄕歌"를 비롯하여 "십계가十戒歌", "천당가天堂歌"를 비롯하여 모두 19편의 천주가사天主歌辭를 작사하였다.23)

(1) 한국 근대문학과 기독교 : 최남선, 이광수, 김동인

기독교는 한국의 근대화와 근대문학 혹은 신문학 발전에 큰 영향을 미쳤다. 기독교는 서양 문화의 유입 통로 역할을 했다. 서양의 선교사들이 기독교계 교육기관을 통해 근대적 교육을 실시함으로써 근대화에 이바지하였으며 근대화는 서양화 혹은 기독교화와 거의 동일시되었다. 그리고 기독교는 성서 번역과 찬송가 편찬, 출판 및 신문 발행 등을 통해 한글의 대중화에 결정적인 역할을 하였으며, 특히 한글 성서는 신문학의 토대인 언문일치를 이룩하는 데 큰 기여를 하였다. 백철이 지적한대로 "순 한글로 된 성서가 널리 민중 속에 읽혀짐으로 해서 그 뒤 우리 신문학의 용어로 바뀌어진 한글의 보급에 커다란 기여가 되었다."24)

---

22) 소재영 외, 위의 책, pp. 28-31. ; 나동광, 『기독교와 한국문학』, 신지서원, 1998, pp. 9-18.
23) 나동광, 위의 책, pp. 23-28.
24) 백철, "신문학에 미친 기독교의 영향" in 김우규 편저, 『기독교와 문학』, 종로서적, 1992, p. 161.

사실 신문학 초기의 주요 문인들은 거의 기독교의 영향을 받았다. 최남선, 이광수, 김동인 등 한국 신문학의 선구자들이 그리스도인인 것은 아니지만 모두 기독교의 영향을 받았다. 한국 문학의 주요 작가들 가운데 최초의 그리스도인 작가는 전영택이다. 이들의 문학에 나타난 기독교성을 살펴보자.

최남선(1890~1957)은 신약성서를 탐독하고, 『천로역정』을 비롯해 당시 선교사들이 번역한 기독교 서적들을 읽었다. 그는 기독교를 통해 한글문장에 깊은 관심을 갖게 되었다. 그의 시에는 창가(창가는 서양식 악곡에 따른 노래로서, 기독교의 번역 찬송가집의 영향을 받았다)의 영향 뿐 아니라 당시 교회에서 불리던 찬송가의 영향이 컸다고 한다. 그리고 그의 시 가운데는 그리스도를 창세주, 역사의 주재자로 의식하고 이를 형상화한 작품들이 많으며 표현에서도 신약성서의 수사나 비유법을 즐겨 사용하고 있다. 최남선 자신이 다음과 같은 말을 하고 있다. "어려서부터 기독교 서적을 즐겨 읽고 기독교도와 상종하면서 기독교사상에 익숙해졌으며, 자유·평등·독립 등의 말이 원래 기독교에서 나왔으므로 내 사상에서 기독교적 영향을 빼고는 이해할 수 없다."[25] 독립선언문을 기초한 최남선은 선언문 속의 무저항 정신은 성경의 영향을 받은 것이라고 회고한 바 있다.

이광수(1892~1950)는 장로교계의 일본 명치학원에 유학하면서 기독교를 처음 접하였다.[26] 특히 그는 톨스토이의 종교사상에 감화를 받으면서 기독교 사상에 본격적으로 관심을 가지게 되었다. 기독교와 신문학의 관계에 대한 고전적인 논문을 쓴 백철은 춘원의 첫 장편인 『무정』이 어느 정도 기독교적 영향을 입고 있다고 주장한다. 『무정』의 여러 장

---

25) 최남선에 대해서는 다음 문헌을 참조할 것 : 소재영 외, 위의 책, pp. 49. ; 이길연, 『한국 근·현대 기독교문학 연구』, 국학자료원, 2001, pp. 189-203.

26) 이광수에 대해서는 다음 문헌을 참조할 것 : 소재영 외, 위의 책, pp. 109-114. ; 이길연, 위의 책, pp. 141-158, pp. 203-216.

면에서 기독교적인 우주관과 인간관(하느님의 천지 및 인간 창조)이 반영되어 있다. 춘원의 작품 가운데 기독교적인 사상이 더 뚜렷하게 나타난 작품은 『재생』이다. 여기에는 여주인공 순영의 타락과 갱생의 과정이 담겨 있는데, 갱생에서 중요한 계기를 마련한 것이 바로 기독교적 요소이다. 이 작품에서 강조되는 사랑과 자기희생은 춘원의 『흙』과 『사랑』에서 더욱 강조되고 있다고 백철은 판단한다. 춘원의 문학은 중반기까지는 기독교적 정신이 더 많이 반영되어 있었으나 만년으로 가면서 더 불교적인 것으로 돌아섰다. 만년의 작품인 『사랑』에는 기독교적인 요소 뿐 아니라 불교적인 사랑도 혼재되어 있는 것이다.

춘원의 작품에 기독교적 요소가 드러난다고 해서 이를 기독교작품이라고 단정할 수는 없다. 한승옥은 『재생』의 경우, 자기희생은 강조되어 있으나 신의 문제나 원죄와 구원의 문제에는 도달하지 못하고 있다고 판단한다.[27] 또한 나동광은 여주인공의 자살로 소설이 끝나는 점도 작가의 부활신앙의 결여와 연결시키고 있다.[28]

김동인(1900~1951)은 매우 기독교적인 분위기에서 자랐다.[29] 부모가 모두 교인이었으며 아버지와 이복형도 장로였다. 그리고 그가 다닌 한국과 일본의 학교도 대부분 기독교계 학교였다. 그와 함께 『창조』 동인으로 활약한 주요한과 전영택은 모두 그리스도인이었다. 그러나 일생을 반항아로 살아온 그는 기독교에 대해서도 정면으로 저항하며 살아왔다. 특히 『명문』(1925)에서 동인은 기독교를 신랄하게 비판하였다. 그런데 기독교에 대해 줄곧 부정적인 입장을 취해왔던 동인이 『신앙으로』(1930)에서 신앙을 떠났던 주인공이 아들의 죽음을 계기로 다시 신앙의 길로 돌아오는 내용을 담은 것은 말년의 변화를 보여 주는 작품으로 평가받고 있다.

---

27) 소재영 외, 위의 책, p. 113.
28) 나동광, 위의 책, p. 70.
29) 김동인에 대해서는 다음 문헌을 참조할 것 : 소재영 외, 위의 책, pp. 114-117. ; 김우규 편저, 위의 책, pp. 137-140.

(2) 전영택(1894~1968) : 작가와 목회자

유명한 찬송시 "어서 돌아오오"의 작시자인 늘봄 전영택은 『창조』 동인 작가이자 일본 아오야마 학원 신학부와 미국 퍼시픽 신학교에서 신학을 공부하여 목회활동을 한 목사이다.[30] 본격적인 근대 소설가로서 그리스도인임을 표방하는 최초의 중요 문인이기에 늘봄은 기독교문학에서 중요한 위상을 차지한다. 늘봄의 문학은 인도주의적 요소와 기독교적 요소가 공존하는데—'기독교적 인도주의'로 표현할 수도 있다—대체적으로 초기 문학에서는 기독교성을 은밀히 드러내었다면 1930년대 이후의 후기 문학에서는 기독교성을 직접적으로 드러내고 있다.

대표작 『화수분』은 행랑살이를 하는 부부의 이야기이다. 발을 다친 고향의 형으로부터 추수를 거들어달라는 부탁을 받고 시골로 내려간 화수분을 기다리던 아내는 굶주리다 지쳐 추운 겨울 어린 자식을 업고 남편을 찾아 나선다. 남편은 또 모녀를 마중 나갔다가 거의 동시凍死에 이른 아내와 함께 길에서 밤을 새워야 했다. 이들 부부는 어린 딸을 품에 안은 채 꼭 껴안고 밤을 지냈지만 부부는 죽고 어린 자식만 살아남았다. 자신들을 희생하면서 어린 생명을 구한 가난하고 선량한 부부의 삶을 그린 소설이다.

화수분 부부의 죽음에서 기독교 평론가들은 참된 사랑과 부활의 의미를 발견한다. 그런데 만일 비그리스도인이 이 작품을 읽는다면 여기서 부활의 의미는 발견하지는 못할 것이다(사실 이 작품에서 부활의 의미를 발견하는 것은 그리 자연스럽지는 않다). 그러면서도 이 작품 속에 담긴 희생적인 사랑에는 감동할 것이다.

(초기의 늘봄 문학은 기독교 색채를 직접 드러내지 않았다. 그리하여 그의 작품은 문학계에서서도 큰 호평을 받았다. 후기에 가서 목회를 하는 가운데 쓴 작품들은 기독교 색채를 본격적으로 드러낸다.) 1930년대 이후 목회 활동을 하는 가운데 쓴 작품들에는 기독교적 소재와 사상

---

30) 전영택에 대해서는 다음 문헌을 참조할 것 : 소재영 외, 위의 책, pp. 117-121. ; 이길연, 위의 책, pp. 158-169, pp. 228-235.

이 노골적으로 드러난다. 가령『한 마리의 양』이라는 작품은 "미모와 부를 지닌 메리라는 여주인공이 결혼에 실패하고 향락에 빠져 퇴폐에 물들다가 평신도인 요한 아저씨에게 자신의 죄를 고백하고 새사람이 되는 과정을 보여준다." 주제 의식이 지나치게 드러나면 소위 경향문학 혹은 프로문학의 오류를 되풀이하게 된다. 그것은 문학이요 예술이기보다 오히려 계몽이요 선전이다. 후기로 들어와 전영택은 주제 의식을 좀더 내면화하고 미학화藝術化하는 데 실패했기에 문학가로서는 실패했다는 평가를 받는다.

(3) 황순원(1915~2000)

기독교세계관을 적절히 반영하면서도 미학화에 성공한 대표적인 기독교 소설은 황순원의 작품들과 함께 시작한다고 평가할 수 있다.[31] 황순원의 문학은 시에서 출발하여 단편소설을 거쳐 장편소설로 확대되었다. 해방 이후로 주로 장편 소설을 쓰기 시작한 황순원은『카인의 후예』(1954)에서는 광복 직후 북한의 공산 치하에서 토지개혁이라는 사건이 야기한 시련을 겪은 끝에 자유를 찾아 남하할 것을 결심하는 한 지식인의 삶을 다루었다. 그는 이 작품에서 인간의 개인적인 악이 사회 현실과 연결되며 궁극적으로는 더욱더 근원적인 악과 연결되어 있으며, 그리고 인간의 사랑이 악을 포용함으로써 승리를 이룰 수 있음을 암시하였다.

『인간접목』(1957)은 6 · 25 전쟁이 낳은 비극적인 환경 속에서 고통받는 고아들이 수용되어 있는 갱생원에 부임하여 비리와 폭력으로 물든 갱생원을 인간애를 바탕으로 하여 낙원으로 만들려고 피나는 노력을 기울이는 한 젊은이의 삶을 다루었다. 『나무들 비탈에 서다』(1960)라는 작품을 통해서도 6 · 25라는 동족상잔의 비극적인 사회 현실 속에서 가해

---

31) 황순원에 대해서는 다음 문헌을 참조할 것 : 소재영 외, 위의 책, pp. 127-130. ; 김봉군,『김봉군 교수의 기독교문학 이야기』, 창조문예사, 2006, pp. 173-176.

의식과 죄의식에 시달리는 인간의 구원 문제를 다루었다.

『움직이는 성』(1973)은 한국의 대표적인 기독교문학으로 꼽히는 장편소설이다. 이 작품의 등장인물은 무속 연구가로서 샤머니즘적인 인간상을 지닌 민구, 유랑인처럼 살아가다가 세상을 떠도는 농업 기사 준태, 목사가 되었다가 온갖 시련을 겪으면서 마침내 구도자의 길을 걷는 성호 등 세 사람이다. 황순원 자신은 이 작품에서 "우리나라 사람들의 가슴 밑바닥에 아직 자리 잡고 있는 유랑민 근성"을 그렸다고 말하고 있다. '유랑민 근성'은 인간이 어느 한 곳에 정착하지 못하고 현실적이고 실리적인 것을 추구하며 정착성을 잃고서 뿌리 없는 삶 속에서 방랑함을 의미하며, 또한 어디에도 정착하지 못하는 인간 존재의 근원적인 방황을 의미한다.

부호인 장로의 딸과 약혼한 세례교인 민구는 한 무속인의 도움을 받아 무속을 깊이 연구하는 동안 그와 동성애 관계를 가지게 되고, 이 사실이 알려지자 모든 것을 포기하고 약혼자 부친의 회사로 들어간다. 준태는 우리 민족의 유랑민 근성을 철저히 인식하고 신랄하게 비판하는 인물이지만, 자기 자신의 극단적이고 부정적인 유랑민 근성으로 인해 삶에 대해 소극적이고 허무주의적인 태도를 갖게 된다. 그는 신을 부정하고, 인간을 사랑할 줄도 동료 인간에게 사랑 받을 줄도 모르고 오로지 에고 속에만 칩거하다가 쓸쓸히 죽어간 인물이다. 한편 이 소설에서 가장 긍정적으로 그려지는 인물은 성호이다. 그는 스승의 부인을 사랑했던 기억을 원죄처럼 지닌 채 살다가 신학도가 된 뒤에 부유한 아버지의 기업체 인수도 거절하고 시내의 큰 교회 목사직 제의도 사양하며 빈민가로 가서 약자들과 함께 성육신적인 삶을 살아가는 인물이다.

황순원의 이 작품에 대해 김병익은 다음과 같이 평가한다. "그(황순원)가 한국인은 영원에 대한 갈구, 구원에 대한 소망을 차단시킨 채 폐쇄적인 현세의 삶 속에서 지주 없이 떠돌고 있으며 그것의 구체적인 표현으로 샤머니즘의 신앙이 지배하고 그리하여 체질적으로 전혀 상반되는 기독교마저 샤머니즘의 세계로 용해시키고 있다고 지적하는 것은 신학자가 아닌 작가로서 극히 탁월한 착상이며 기독교에 대한 이 같은 본질적인 접근은 30년대 김동리 식의 기독교 인식을 이미 극복하고 있음을 입증한다."[32]

준태는 한국교회가 '유랑민 근성'을 벗어나는 진정한 기독교에 도달할 수 있을 것이라는 희망을 가지지 못했다. 그러나 성호는 달랐다. 신앙은 인간을 변화시키며, 언젠가는 올바른 신앙이 이 땅에 뿌리박힐 거라는 확신 속에서 그는 빈민 선교의 현장으로 뛰어든 것이다.

이 작품은 근대에 서양에서 전해진 기독교 사상과 우리나라의 전통적인 샤머니즘의 만남 속에서 기독교가 지향해야 할 방향을 밝힐 뿐 아니라, 죄의식 속에 함몰하여 빠져 나오지 못하는 인간을 넘어 참된 구원을 추구하는 인간을 제시하되, "의도적인 주제의 표출에서 벗어나 사상 자체가 문학에 녹아져 흘러 육화된 전형적인 기독교 문학 작품을 우리에게 보여 준다".[33]

04 기독교의 미래를 위한 기독교문학

1970년대 이후로 기독교 소설들이 적잖게 배출되었다. 주요한 작가와 작품 들을 열거하자면 백도기(1939~)의 『청동의 뱀』, 정연희(1936~), 『내잔이 넘치나이다』, 『양화진』, 현길언(1940~)의 『사제와 사물』(1989), 김성일(1940~) 『땅끝에서 오다』와 『땅끝으로 가다』, 이승우(1959~), 『생의 이면』 등이 있다. 소위 순수문학과 대중문화 경계선

---

32) 김우규 외, 위의 책, p. 207. 김병익은 이 책에 실린 글 「기독교의 수용과 그 변모」라는 글에서 황순원을 "스스로를 크리스챤으로 표명하지 않은 작가"라고 소개하고 있다. 그리고 이 표현은 이후 많은 연구가들에 의해 무비판으로 되풀이된다. 하지만 사실 황순원은 꾸준히 교회 출석을 한 신실한 그리스도인이며, 그의 묘비에도 '성도 황순원'으로 새겨져 있다.

33) 소재영 외, 위의 책, p. 129.

상에 위치하면서 많은 독자들에게 감동을 주는 조창인(1961~)의 작품 『가시고기』, 『등대지기』도 특기할 만하다.

위에서 우리는 소설을 중심으로 한국 현대 기독교문학을 간략하게 소묘素描해 보았다. 여기서 지면 부족으로 한국 기독교 시에 대해서는 탁월한 한국 기독교(개신교) 시인들의 이름만 언급하기로 하겠다. 윤동주(1917~1945), 김현승(1913~1975), 박두진(1916~1998), 황금찬(1918~) 등이 대표적인 기독교 시인으로 평가된다.

현재 우리 사회는 문자 중심 문화에서 이미지 중심 문화로 이행해 가고 있다. 이 새로운 문명 이행 과정은 이미지의 복권, 감성과 우뇌적 가치의 회복이라는 점에서 분명 긍정적인 측면을 지니고 있다. 하지만, 급작스런 쏠림은 또 다른 부작용을 낳고 있다. 다시 말해 급격한 문자 문화 몰락이 독서 능력의 감퇴를 불러일으켜 결과적으로 성경을 읽고 이를 내면화하는 문화 형성에 장애가 되고 있다. 기독교는 성경 중심의 종교다. 그리고 성경은 문학으로 이루어져 있다. 라이컨이 지적하듯이 "기독교는 세상에서 가장 문학적인 종교이며, 말이 특별히 신성함을 지니는 종교이다."[34] 문학 교육은 성경 교육을 위한 필수적인 과정이다. 또한 문학은 문화콘텐츠의 기본이다. 좋은 시나리오 없이 좋은 영화, 좋은 애니메이션이 나올 수 없다. 훌륭한 기독교문학은 작가, 독자, 문학 교육가, 평론가 모두의 연합된 노력에 의해서만 가능하다.

■참고문헌

김경완, 『한국소설의 기독교 수용과 문학적 표현』, 태학사, 2000.
김경완, 『고대소설과 개화기 소설의 기독교적 의미』, 월인, 2000.

---

34) Leland Ryken, 유성덕 역, 『문학에서 본 성경』, 크리스챤다이제스트, 1998, p. 6.

김봉군, 『김봉군 교수의 기독교문학 이야기』, 창조문예사, 2006.

김우규 편저, 『기독교와 문학』, 종로서적, 1992.

김운찬, 『신곡. 저승에서 이승을 바라보다』, 살림, 2007.

김태규, "밀턴의 '실낙원'에 나타난 구원관", 조신권 편, 『영문학과 종교적 상상력』, 동인, 1994.

김희보, "기독교문학사개관" in 『기독교 사상』, 1970년 4월호.

나동광, 『기독교와 한국문학』, 신지서원, 1998.

소재영 외, 『기독교와 한국문학』, 대한기독교서회, 1993.

이길연, 『한국 근·현대 기독교문학 연구』, 국학자료원, 2001.

이동하, 『한국소설 속의 신앙과 이성』, 역락, 2007.

조신권, 『청교도 신앙과 문학의 탐구』, 동인, 2002.

조신권, 『청교도 신앙과 문학의 탐구』, 총신대학교출판부, 2005.

홍문표, 『기독교문학의 이론』, 창조문학사, 2005.

Dante Alighieri, 김운찬 역, 『신곡』, 열린책들, 2007.

John Bunyan, 이동진 역, 『천로역정』, 해누리기획, 2007.

Susan V. Gallagher & Roger Lundin, 김승수 역, 『신앙의 눈으로 본 문학』, 한국기독교학생회출판부, 1997.

Rolland Hein, *Christian Mythmakers*, Chicago, Cornerstone Press, 1998.

Curt Hohoff, 『기독교 문학이란 무엇인가?』, 한승홍 역, 두란노서원, 1986.

Walter Hooper, *C. S. Lewis : A Companion & Guide*, New York: HarperCollins, 1996.

C. S. Lewis, "Christianity and Literature" in *Religion and Modern Literature*, Grand Rapids: Eerdmans, 1975.

C. S. Lewis, *An Experiment in Criticism,* Cambridge: Cambridge University Press, 1999.

Leland Ryken, 최종수 역, 『상상력의 승리』, 성광문화사, 1982.

Leland Ryken, *Culture in Christian Perspective,* Portland: Multnomah Press, 1986.

Leland Ryken, 유성덕 역, 『문학에서 본 성경』, 크리스챤 다이제스트, 1998.

Gene Edward Veith Jr, 김희선 역, 『그리스도인에게 문학의 역할은 무엇인가?』, 나침반, 1994.

영화와 철학

이경직 | 백석대학교 교수

01 들어가는 말

　기술은 문화의 변천에서 큰 역할을 해왔다. 그러하기에 우리는 과학 이전 시대의 문화와 과학 시대의 문화를 구분하여 이해하는 이유를 이해할 수 있다.[1] 그런 까닭에 현대 기술의 변화 때문에 생겨난 문화철학의 일부 문제를 다루는 것은 현대기술사회에 필요한 작업이다. 이를 위해 우리는 우선 현대 기술이 현대 문화에 어떤 변화를 일으켰는지 알아야 한다. 무엇보다 현대 기술이 어떠한 성격의 것인지 먼저 이해해야 한다.[2]

　이 글에서 나는 철학과 영화의 관계에 초점을 두고자 한다. 영화는 시각 예술 가운데 대표적인 예술이다. 보편적 원리에서 출발하여 개별 장르들을 설명하는 연역법보다 개별 문화 현상을 수집 분석함으로써 일반 이론 내지 원리를 찾아내는 귀납법이 문화철학을 새롭게 이해하는 방법이 되어야 한다는 것이 나의 테제이다. 문화를 이해하는 데 연역법을

---

1) 박이문, "21세기의 문화: 전망과 희망", 한국철학회 편, 『문화철학』 (서울: 철학과 현실사, 1995), , pp. 297-298.
2) 김문환, "문화와 사회발전", 『문화철학』, pp. 382-386.

사용하는 경우 문화의 다양한 요소를 모두 설명하기 어렵기 때문이다. 문화철학을 문화의 모든 현상에 타당하게 하려면 우선 현대 기술에 대해 구체적으로 알아야 한다. 이러한 의미에서 나는 귀납법이 문화철학의 방법으로 사용되어야 한다고 여긴다. 또한 기술의 모든 변화에 담긴 철학적 의미가 파악되어야 한다.

나는 이러한 접근이 시각 예술, 특히 영화에서 효과적임을 보이고자 한다. 한 이론을 구성하고자 하는 사람이라면 영화 속에 있는 복잡한 메커니즘을 자세히 살펴볼 필요가 있다. 예를 들어 현대 영화에서 어떤 편집 기술이 사용되고 있으며, 그 기술에 어떤 의미가 있는지를 알아야 한다. 이러한 것들을 간과하는 거대 담론은 적합한 영화 철학의 후보자가 될 수 없다고 여겨진다. 또한 이 글에서는 영화에 담긴 철학적 의미도 다루어보고자 한다.

02 문화철학에서 영화의 중요성

이를 위해 우선 시각 예술, 특히 영화가 문화철학을 이해하는 데 매우 중요한 이유를 밝히고자 한다. 계몽주의 시대에 문자 언어는 시각 언어보다 더 중요한 역할을 했다. 문자 언어는 명석판명한 의사소통에 적합하기 때문이다. 그렇지만 포스트모던 시대에 우리는 시각 언어의 르네상스를 보게 된다.[3] 21세기에 이미지는 이전보다 더 중요한 것으로 여겨지게 되었다. 디지털 기술의 발전과 인간의 상상력 덕분에 이미지는 이제 효과적인 의사소통의 도구로 여겨진다.[4] 역사상 의사소통에서 이미

---

3) 송병선, "라틴아메리카 문학의 환상성과 영상예술 : 문학교육의 새로운 지평을 향하여", 『스페인문학』 17 (2000), p. 645.

4) 권중운, "새로운 시각매체의 의의와 역할: 영상매체의 시각체제에 대한 인식론적 개관", 『예술문화연구』 9 (1999), p. 7.

지의 지위가 오늘날만큼 높았던 적은 없다. 예를 들어, 플라톤은 이미지를 이성적 지식보다 열등하다고 여겼다. 플라톤이 보기에 이미지는 형상의 불완전한 반영물이며, 지식 획득의 예비 단계로서만 의미를 지닌다.[5] 필자가 보기에 카메라와 원근법이 개발됨에 따라 이미지의 지위가 이렇게 변했다. 특히 기술 발전의 결과인 카메라 덕분에 우리는 실재의 모습을 가능한 한 정확하게 얻을 수 있게 되었다.[6] 그 결과 문자 언어의 문화, 그 문화의 이성주의, 그 문화의 기계적 세계관이 비판받게 되었다. 이제 시각 문화는 개념 문화보다 더 중요하게 여겨진다. 인간의 얼굴과 인간 신체, 인간의 눈이 문자 언어와 인간의 정신, 인간의 개념을 대체한다.[7]

　　이런 의미에서 시각 예술, 특히 영화는 포스트모던 사회에서 의사소통의 주요 도구가 될 수 있다. 예를 들어 인간 표정의 변화를 잡아냄으로써 감정을 보여줄 수 있는 영화는 의사소통의 좋은 미디어일 수 있다.[8] 그렇지만 인간 표정에 나타난 동일한 표현은 문화적 맥락에 따라 다르게 해석될 수도 있다. 이런 의미에서 영화는 인간 문화의 산물이다. 영화의 의미는 영화 제작자와 영화 소비자가 누구인지에 따라 다양하기 때문이다.[9] 영화의 제작은 창조적이고 기술적이고 경제적인 요소들로 이루어진다. 영화는 영화관에서 상영될 때 관객에게 메시지를 전달할 수 있다. 이러한 의미에서 영화는 단순한 예술이 아니라 사회적으로, 문화적으로 복잡한 현상이다. 영화는 마땅히 의사소통의 새로운 도구가 되어야 한다.[10]

---

5) 류인희, "영상시대의 윤리적 과제와 성찰 -가족문제를 중심으로-", 『동서철학연구』 27 (2003), pp. 289-291.

6) 같은 책, pp. 293-294.

7) 황선애, "무질과 영화 - '영상 미학 Asthetik der Bildlichkeit'의 여러 담론들-", 『독일언어문학』 21 (2003), pp. 396-397.

8) 현택수, "미학적 인간과 매체예술 -비디오 아트를 중심으로-", 『철학연구』 21 (1998), pp. 89-90.

9) 박지홍·신양섭, "기호학 논쟁의 영화 미학적 근거", 『영화연구』, 19 (2002), p. 252.

이와 관련하여 많은 학자들은 영화의 메시지를 읽어내고자 했다. 그 결과 거대 영화 담론들, 가령 구조주의와 심리분석의 관점에서 나온 이론들이 영화 연구의 역사에 등장했다.11) 특히 현대 영화와 철학의 만남은 1960년대 후반 구조주의와 더불어 시작되었다.12) 최근 영화를 연구하는 학자들은 거대 담론을 만들기보다는 개별 영화의 구체적 의미를 발견하려고 한다. 그들은 거대담론의 보편성에서 일종의 이데올로기적 요소를 발견하기 때문이다. 그들은 포스트모던 사회의 문화에 나타난 해체현상을 보여준다.13) 글로벌 사회에서 매우 복잡한 전문화 체계 때문에 리얼리즘이나 모더니즘과 같은 거대담론은 문화의 모든 현상을 설명하기에는 역부족이다.14) 이러한 의미에서 영화는 다양한 과학적 관점에서 읽어야 하는 문화 텍스트이어야 한다. 그래서 영화 연구는 여러 학문이 동원되어야 하는 연구이며 학제간 연구이어야 한다.15)

영화는 일종의 의사소통이라는 점에서 철학적 반성의 대상이기도 해야 한다. 영화는 철학적으로 독해할 수 있기에 좋은 텍스트이다.16) 프랑스 영화 비평가이자 영화감독인 알렉산더 아스트Alexander Astruc가 영화가 철학을 대체한다고 주장한 이유가 바로 여기에 있다. 그에 따르면, 영화는 철학의 존재론적 문제와 인식론적 문제를 담고 있다.17) 최근에 영화는 현대 철학, 가령 현상학의 관념들을 반영하는 미디어로 여겨진다. 영화는 존재와 인식 사이의 상호연관을 보여준다고 여겨지기 때문이

---

10) 이철우 · 유인경, 『연극 영화의 이해』 (서울: 한국문화사, 2003), pp. 181-182.
11) 베르너 파울스티히, 이상면 역, 『영화의 분석』 (서울: 민중사, 2003), pp. 62-64.
12) 전평국, "현대영화 제 이론의 발달과 변천: 정치와 철학적 관점에서", 『영화연구』 15 (2000), pp. 21-22.
13) 같은 책, pp. 30-34.
14) 김영숙, "마르크스의 문화개념과 문학예술 이념의 문제", 『역사와 사회』 2권 12호 (1993), p. 50.
15) 베르너 파울스티히, 『영화의 분석』, pp. 67-70.
16) 전평국, "현대영화 제 이론의 발달과 변천: 정치와 철학적 관점에서", pp. 13-14.
17) 권중운, "새로운 시각매체의 의의와 역할: 영상매체의 시각체제에 대한 인식론적 개관", p. 9.

다. 영화는 외부 사물로부터의 자극과 인간 정신의 능동적 구성으로 이루어지는 유의미한 이미지를 우리에게 제공한다고 여겨진다. 이런 의미에서 존재와 인식 사이의 이원론이 영화에서는 성립되지 않는다고 한다.18)

03 영화의 철학적 의미

1. 의사소통의 수단으로서의 영화 기술

영화철학의 귀납법을 사용하기 위해서 우선 영화의 기술적 발전을 자세히 알 필요가 있다. 영화 기술은 의사소통의 도구 내지 기호이기 때문이다. 영화의 메시지를 제대로 알기 위해서는 소위 영화 언어를 배워야 한다. 그래서 기본적인 영화 언어들을 몇 가지 살펴보고자 한다.

(1) 쇼트shot

영화 언어 가운데 가장 기본적인 언어는 쇼트이다. 쇼트는 영화 언어의 철자 내지 단어이다. 쇼트는 카메라가 연속적으로 찍은 사진들로 이루어진다. 쇼트는 운동 내지 시간을 보여주는 영화의 최소 단위이다.19) 영화감독이 쇼트를 선택할 때 매우 다른 기준들이 있다. 쇼트는 스크린의 크기공간의 관점에 따라 분류될 수 있다. 쇼트는 표준화면standard size, 가로와 세로의 비율이 4:3과 와이드 스크린wide screen, 가로와 세로의 비율이 4:3보다 큼, 시네마스코프가로와 세로의 화면비율이 2.4:1, 비스타비전VistaVision, 가로와 세로의 비율이 1.96:1, 1.85:1, 1.66:1 등으로 분류된다.

---

18) 권중운, "영화예술에 대한 현대 영화이론의 철학적 문제", 『미학』 13 (1988), pp. 86-89.
19) 이철우 · 유인경, 『연극 영화의 이해』, p. 208.

그런데 쇼트는 현재뿐 아니라 과거와 미래도 표현할 수 있다. 아이리스 격막iris diaphragm20)이나 디졸브dissolve21)와 같은 영화 기술 덕분에 우리는 과거와 미래를 표현할 수 있다. 그 테크닉들이 만들어내는 신scene들은 꿈이나 회상을 담기 때문이다. 특히 편집 기술이 영화에서 시간을 통제한다. 가령 1초에 24 프레임보다 더 빨리 찍은 사진들을 스크린에 표준 속도로 투사할 때 슬로우 모션slow motion이 생긴다. 영화에서 슬로우 모션은 불편함이나 슬픔, 풍부한 상상과 같이 다양한 정서적 반응을 불러일으킨다. 또한 1초에 24 프레임보다 느리게 찍은 사진들을 표준 속도로 스크린에 투사할 때 패스트 모션fast motion이 생긴다. 찰리 채플린Charlie Chaplin의 영화에서 잘 드러나듯이, 패스트 모션은 등장인물을 우스꽝스럽게 만든다. 프리즈 프레임freeze frame은 1초 동안 동일한 사진을 보여주는 24 프레임으로 구성된다. 이 기술은 여운을 남기기 위해 사용된다. 역동작reverse motion은 극적 효과를 만들기 위해 사용된다. 커트 신cut scene22) 덕분에 우리는 시간을 단축하고 사유의 밀도를 강화시킬 수 있다. 플래시 백flash back23)과 플래시 포워드flash forward24)는 영화의 시간을 물리적 시간과 다르게 만든다.

---

20) 렌즈 중앙의 구멍의 크기를 크거나 작게 조정할 수 있도록 겹쳐지는 금속의 날개가 있다.
21) 한 화면에 다른 화면이 겹쳐지면서 현재 화면이 사라지고 다음 화면으로 서서히 바뀌는 방식의 장면전환이다. 여러 프레임에 걸쳐서 화면이 바뀌기에 오버랩(overlap)이라고도 한다.
22) 커트 신은 비디오 게임에서 플레이어가 통제하지 못하는 시퀀스이며, 종종 게임 플레이를 중단시키며 플롯과 캐릭터를 발전시키기 위해 사용되며, 배경적 정보나 분위기, 대화, 단서를 주기 위해 사용된다. http://en.wikipedia.org/wiki/Cut_scene
23) 주로 관객에게 앞의 사건을 환기시키기 위해서나 등장인물이 과거를 회상하는 장면에서 주로 사용되는 기법이다. 한 사건을 먼저 소개하고 그 사건의 원인을 궁금해 하는 관객을 위해 과거 사건을 소개하는 방식이다. 이는 일반적인 시간의 흐름을 되돌린다. 이 기법을 사용한 대표적 영화로는 <박하사탕>이 있다.
24) 현재 상황 사이에 미래를 보여주는 쇼트를 삽입함으로써 현재 상황을 중단시켰다가 다시 현재 상황으로 돌아옴으로써 스토리 순서를 바꾸는 편집 기법이다. 현재 상황에서 미래를 꿈꾸거나 상상하거나 예시할 때 사용된다.

(2) 미장센Mise-en-Scene

쇼트 다음으로 기본이 되는 영화 언어는 미장센이다. 미장센은 영화에서 쇼트들로 이루어진 구성물이다. 미장센은 영화 스크린에 나타나는 모든 것을 뜻한다. 그것은 세팅setting과 조명, 의상, 세트 배치, 구도, 등장인물의 동작, 특정 공간에서의 로코모션locomotion, 카메라의 앵글과 운동 등을 뜻하는데, 이미지를 하나의 쇼트로 만드는 작업이다.[25] 공간을 구성할 때 미장센에서 가장 기본적인 사각 프레임워크인 프레임은 사진에 한계를 부여한다. 프레임은 프레임 너머에 있는 실재들을 전제한다. 영화는 시간성, 즉 운동과 밀접하게 연결되기 때문이다. 이러한 의미에서 영화에서 공간은 프레임 안에 들어오는 화면 영역champs과 프레임을 넘어서는 비화면 영역hors-champs 사이의 유기적 연관성으로 이루어진다. 아이콘Icon과 앵글angle, 구도는 우리가 영화에서 읽어낼 수 있는 기호가 될 수 있다.[26]

화면 영역과 비화면 영역의 연관은 영화의 다양한 방법에서 드러날 수 있다. 영화에서 등장인물은 화면영역으로 들어가거나 화면영역으로부터 나온다. 그는 비화면 영역에 있는 누군가로부터 질문을 받을 수도 있다. 그는 비화면 영역에 있는 사람에게 눈길을 줄 수 있다. 가령 클로즈업close-up으로 찍은 신에서 등장인물의 신체 일부가 비화면 영역에 놓일 수 있다.[27] 등장인물의 운동뿐 아니라 카메라의 운동도 우리에게 중요한 메시지를 전달해준다. 예를 들어, 팬 쇼트pan shot는 파노라마 효과를 내기 위해 한 번에 찍을 수 있는 카메라 렌즈에 들어오는 시계 이상의 넓은 범위를 촬영하는 것으로서, 카메라를 수직 혹은 수평으로 움직이는 패닝panning 기법을 사용하여 촬영하는 것이다. 이것은 카메라 헤드를 고

---

25) 이이남, "애니메이션: 영상예술 몽타주이론과 애니메이션의 상관관계 연구", 『만화애니메이션연구』, 9 (2005), p. 213.

26) 이철우 · 유인경, 『연극 영화의 이해』, pp. 204-208.

27) 같은 책, pp. 217-220.

정시킨 페디스탈pedestal이나 트라이포드tripod 위에서, 또는 카메라맨의 어깨 위에서 좌우수평으로 카메라를 움직이면서 촬영하는 것이다. 팬 쇼트 가운데 스위시 팬swish pan 또는 휩팬whip pan은 망원렌즈를 사용하여 물체가 획 지나가는 것처럼 아주 빠른 움직임을 표현한다. 이것은 장면 전환이나 세월의 흐름 등을 표현할 때 사용되기도 한다. 카메라가 움직일 방향을 연기자가 보게 함으로써 카메라의 움직임을 연기자 시선의 움직임과 동일시하여 관객이 연기자와 같은 시선으로 대상을 보도록 하는데 팬 쇼트가 사용된다. 피사체들 사이에 죽은 공간이 있는 경우 팬 쇼트를 빨리 돌림으로써 그 공간을 살아 있는 공간으로 바꿀 수 있으며, 피사체들 사이에 다른 피사체들이 있는 경우 팬 쇼트를 느리게 돌림으로써 그 공간에 긴장감을 더할 수도 있다.

틸트tilt는 한 신을 위해 카메라를 고정된 페디스탈이나 트라이포드 위에서, 또는 카메라맨의 어깨 위에서 위 아래로 움직이는 카메라 운동이다. 카메라가 위로 움직일 때 틸트 업tilt up이라 불리며, 카메라가 아래로 움직일 때 틸트 다운tilt down이라고 불린다. 누군가 주인공 뒤를 미행할 때 카메라가 주인공을 잡은 후에 미행자를 쇼트로 잡을 때 미행자 얼굴을 바로 잡기보다는 미행자의 발을 잡아 틸트 업 하는 것이 더욱 효과적인 쇼트 연결이다. 미행자의 얼굴을 바로 보여주지 않음으로써 틸트 업 하는 동안 관객들은 긴장감을 경험할 수 있기 때문이다. 카메라가 수평적으로 움직이는 팬 쇼트는 주체를 한 프레임 안에서 연속적으로 잡아내는 반면, 카메라가 수직적으로 움직이는 틸트는 사건들의 동시성과 인과적 관계를 드러낸다.

페디스탈pedestal 또는 붐boom은 페디스탈의 중앙 압축기둥을 위아래로 조정함에 따라 카메라 헤드가 위아래로 움직이도록 하는 것이다. 페디스탈 자체를 위 아래로 움직일 때 카메라 높이가 실제로 바뀌며, 신에 대해 매우 다른 시각적 원근감을 만들어낸다. 관객으로 하여금 시각을 바꾸도록 하는데 사용되는 기법이다.

이동촬영인 달리 쇼트dolly shot는 피사체나 장면에 접근하거나 그것으로부터 멀어지는 움직임으로서 관객의 눈이 되는 카메라가 움직이면서 주체를 응시하는 효과를 낸다. 피사체에 접근하는 경우 달리 인dolly in이라고 하며, 피사체에서 멀어지는 경우 달리 아웃dolly out이라고 한다. 카메라 헤드와 페디스탈을 동시에 움직임으로써 다른 쇼트들보다 더 효과적인 신을 얻을 수 있다. 줌인zoom in을 사용하는 경우 마지막 사진이 망원렌즈로 구성되는 반면, 달리인을 사용하는 경우 마지막 사진은 광각렌즈로 구성된다.

또한 카메라가 촬영 물체와 평행을 이루면서 촬영하는 트래킹 쇼트 tracking shot 또는 트럭truck이 있다. 트래킹 쇼트는 카메라 헤드와 페디스탈을 측면으로 함께 이동시키는 것이다. 카메라 위치를 조정하여 보다 좋은 쇼트와 구도를 얻으려 할 때나 프레임을 가로질러가는 운동 피사체를 추적할 때 사용된다. 트래킹 쇼트를 사용하는 경우 전경前景과 배경背景이 같이 바뀌기 때문에 유동감이나 밀착감, 접근감이 살아난다. 이 경우 피사체는 움직이는 차량 안에 있는 카메라에 의해 촬영되는데, 트래킹 쇼트는 관객으로 하여금 운동 자체를 경험하도록 해준다.

아크arc shot는 달리와 트럭을 결합한 것으로서 활 모양과 같이 카메라를 반원형으로 움직이는 것을 말한다. 이 방법은 원형의 움직임을 보여주기도 하며, 피사체 뒤에 숨겨져 처음 신에 나타나지 않는 장면을 드러내기도 한다. 예를 들어, 두 사람이 포옹하는 장면에서 한 사람의 표정에 가려져 있는 상대방의 표정을 이어서 표현함으로써 그 신에 변화를 줄 수 있다.

크레인crane shot은 카메라가 놓인 크레인이 움직이는 것을 뜻하는데, 어떤 것을 심리적으로 강조하기 위해 사용되는 달리 쇼트이다. 크레인이 위로 가는 것을 크레인 업crane up이라고 하며, 크레인이 아래로 가는 것을 크레인 다운crane down이라고 하며, 크레인의 수평이동을 텅잉 tonguing이라고 한다. 크레인 업의 경우 피사체가 아래에 놓이게 되어 관객은 피사체에 대해 우월감을 느낄 수 있다. 크레인 다운의 경우 피사체가 관객의 시선보다 위에 놓이게 되어 피사체의 중요성이 강조된다. 삼각대 없이 카메라를 손에 직접 들고 흔들리면서 찍는 핸드 핼드 쇼트 hand held shots는 쇼트의 흔들림을 과장한다.[28] 이 기술들을 사용할 때 우리는 (지각된 시간이나 심리적 시간 등과 같은) 영화 속에서의 시간을 물리적 시간과 다르게 표현할 수 있다.[29] 또한 이 기술들은 영화감독이 관객에게 전달하고자 하는 메시지와 연관되어 있다.

(3) 신scene

신은 쇼트들의 결합으로서 몽타주montage로도 불린다. 대화 파트너들을 촬영한 쇼트들을 교차적으로 보여주는 커트백cutback을 사용할 때 고전적 신이 성립한다. 우리는 보여짐gaze의 연속성이나 연속적 운동, 축 위에서의 카메라 운동 때문에 신이 실재에서의 자연적 시퀀스를 반영함을 알 수 있다. 가령 플랑세캉스plan sequence 신, 즉 한 번의 촬영으로 이루어지는 하나의 신one scene-one shot은 정상적인 신보다 더 길지만 단절 없이 촬영된 신이다. 이 신은 실재적 시간과 실재적 공간을 반영하려는 의도로 만들어진 신이다.

그렇지만 쇼트 A와 쇼트 B의 연결이 반드시 자연적일 필요는 없다. 물리 세계에서 이루어지는 사건들의 시퀀스를 반드시 따를 필요가 없다. 쇼트 A와 쇼트 B 사이의 시퀀스는 연속적일 수 없다. 쇼트 A가 쇼트 B와 전혀 연결되지 않는 것처럼 보일지라도 영화감독은 의도적으로 쇼트 A 옆에 쇼트 B를 배치한다. 이런 식으로 그는 쇼트 A와 쇼트 B를 충돌시켜 기대하지 않은 개념 C를 얻어낸다. 이는 상형문자인 한자에서 두 개의 (무관한) 한자들을 결합시킬 때 새로운 한자가 나오는 것과 같다.

소련의 영화감독이자 영화 이론가였던 세르게이 에이젠슈타인Sergei M. Eisenstein, 1898-1948이 몽타주를 이런 식으로 사용함으로써 영화 매체

---

28) 같은 책, pp. 220-225.
29) 같은 책, pp. 209-217.

의 새로운 가능성을 보여주었다. 그는 무성영화 〈전함 포템킨〉Battleship Potemkin, Bronenosets Potemkin, 1925년에서 악한 장교를 고기에 기생하고 있는 구더기와 대조시켰다.[30] 몽타주의 종류는 매우 많다. 조형을 일치시키는 몽타주graphic match montage와 시선을 일치시키는 몽타주eyeline match montage가 그 예이다. 조형을 일치시키는 몽타주는 화면의 형태나 색채, 구도, 인물의 움직임과 속도와 같은 조형적 유사성을 유지하는 방식으로 쇼트를 연결하는 것이다. 시선을 일치시키는 몽타주는 시선 방향을 일치시킴으로써 공간적 연속성을 얻어내는 것이다. 예를 들어, A라는 인물이 어떤 방향으로 시선을 두고 있는 쇼트와 B라는 인물이 걸어오는 쇼트를 연결시킬 때 우리는 A가 B를 보고 있다고 생각하게 된다. 이런 몽타주 기법들은 우리의 실재 세계와 닮아 있으면서도 그 세계를 초월하는 시간과 공간을 창조해낼 수 있다.[31] 그 기법들 덕분에 관객은 신으로부터 다양한 의미를 얻을 수 있다. 관객은 그 신을 그 신의 맥락에서 해석하기 때문이다.[32]

(4) 기호로서의 미장센

영화감독은 신을 그의 메시지와 의도를 표현하는 수단으로 사용할 수 있다.[33] 이런 의미에서 볼 때 영화는 영화감독의 예술로 여겨진다. 그는 미장센을 사용함으로써 자연적 시간의 세계를 재구성할 수 있다.[34] 예를 들어, 한국의 대표적 영화감독 가운데 한 사람인 신상옥(1926-2006)은 서사적 기호와 비서사적 기호 모두를 위해 미장센을 효과적으로 사용했다. 특히 그가 사용한 프레임의 사선斜線 구도는 등장인물의 심

30) 같은 책, pp. 198-120.
31) 이이남, "애니메이션: 영상예술 몽타주이론과 애니메이션의 상관관계 연구", pp. 205-212.
32) 황선애, "무질과 영화 -'영상 미학 Asthetik der Bildlichkeit'의 여러 담론들-", pp. 390-396.
33) 베르너 파울스티히, 『영화의 분석』, pp. 71-74.
34) 이철우·유인경, 『연극 영화의 이해』, pp. 229-230.

리적 긴장과 사건들의 불안정한 전개와 같은 동적 긴장을 영화 속에서 보여준다.[35] 그는 영화에서 주관주의를 추구하면서 사각 앵글oblique angle과 로우 앵글low angle을 과감하게 사용했다. 그가 사용한 프레임의 사선 구도 덕분에 우리는 영화 속의 사건들에 몰입되는 것과 그 사건들로부터 거리를 유지하는 것 사이에 균형을 잡을 수 있다. 이런 식으로 그는 한편으로는 영화 속의 등장인물들을 신화적 인물로 만들지 않으면서도 다른 한편으로는 관객이 소외감을 느끼지 않도록 했다.[36]

한국 영화감독 김기덕(1960-)은 〈봄, 여름, 가을, 겨울⋯⋯ 그리고 봄〉(2003)에서 불이不二라는 불교적 세계관을 표현하기 위해 역설적 몽타주들을 사용했다. 그는 반대의 일치coincidentia oppositorum를 통해 그의 참된 자아와 일상 세계를 해체시킴으로써 관객이 초월 세계로 들어가기를 원하는 것 같다.[37]

2. 영화에 담긴 철학적 함축

지금까지 영화의 기술적 발전과 의미 전달 사이의 관계를 보여주고자 했다. 이제 현대 영화에 담긴 철학적 의미가 무엇인지 밝혀보고자 한다.

(1) '주체' 철학의 몰락

우선 영화의 현대 기술 때문에 '주체' 철학이 파산하게 되었다. 대표적인 시각 양식인 원근법은 합리성과 주체성을 강조했다. 영화감독은 관찰자의 관점을 소멸점과 일치시킴으로써 실재론적 환상을 확립했다. 이런 식으로 관찰자는 시각 영역에서 주도권을 행사하는 주체로 여겨진다.

---

35) 김호영, "신상옥의 영화에 나타난 사선(斜線)의 미학", 『현대영화연구』 2 (2006), pp. 37-41.
36) 같은 책, pp. 54-58.
37) 박종천, "영화가 종교를 만났을 때 -김기덕의 <봄여름가을겨울그리고봄(2003)>을 중심으로-", 『종교연구』 44 (2006), p. 302.

이런 의미에서 볼 때 원근법 기술은 데카르트의 주체 철학을 반영한다. 감각과 감정, 상상은 이 추상적 비전에서는 아무 역할도 하지 못한다. 그래서 원근법으로 보이는 세계는 실재 세계와 다르다.[38]

이제 포스트모던 사회에서 주체와는 다른 타자가 영화 메시지를 읽는데 큰 역할을 한다. 영화는 영화감독의 의도와 저자의 의도, 그리고 그의 무의식적 욕구를 전달하는 것으로 여겨진다. 이런 의미에서 볼 때 영화의 요소들을 세 부분, 즉 저자와 텍스트, 관객으로 나누는 것은 더 이상 관련이 없다. 영화는 사회적 맥락에 비추어 읽혀져야 한다. 저자(주체)의 의도는 영화 메시지를 이해하는 데 주도적 역할을 하지 못한다.[39] 우리는 그것을 '저자의 죽음'이라고 부를 수 있다. 상호작용하는 의사소통interactive communication이 특히 전자 미디어 예술에서 매우 중요하다. 예를 들어, 비디오 아트나 컴퓨터 아트는 저자와 관객 사이에 상호작용을 잘 보여준다. 예술가와 관객이 비디오 모니터에 동시에 나타나기에, 그들은 비디오 아트에서 창작과 감상의 주체인 동시에 대상이기도 하다. 그들 사이에는 일종의 거울 효과가 나타난다.[40] 재현의 주체와 재현의 대상 사이의 구분이 이런 식으로 부정된다.[41] 이것이 바로 들뢰즈G. Deleuze가 말한 것이다. 그에 따르면, 미적 경험은 지각 주체와 지각 대상 사이의 상호주관성의 경험이다.[42] 그래서 들뢰즈는 영화 이미지에 새로운 존재론적 지위를 부여했다. 이미지는 객관적 사물도 아니고 주관적 심상도 아니고, 그것들 사이에 있는 것이다.[43]

그런데 영화의 시각 경험을 기술하는 것과 관련되는 철학은 무엇일

38) 권중운, "새로운 시각매체의 의의와 역할: 영상매체의 시각체제에 대한 인식론적 개관", pp. 10-11.
39) 박지홍·신양섭, 「기호학 논쟁의 영화 미학적 근거」, pp. 256-258.
40) 현택수, "미학적 인간과 매체예술 -비디오 아트를 중심으로-", pp. 91-94.
41) 같은 책, pp. 103-105.
42) 이병창, "영화에서 자유간접화법의 철학", 『시대와 철학』 15권 1호 (2004), pp. 65-66.
43) 박성수, "들뢰즈의 이미지-사유 개념에 관하여", 『동서철학연구』 27 (2003), pp. 250-252.

까? 그 철학은 존재론적 관점과 인식론적 관점 사이에 있어야 한다. 카메라와 영화 제작자, 영화 프로젝터와 관객에게는 해석학적 관계가 있다.44) 이 종류의 철학은 영화의 상호작용적 구조를 설명해준다. 우리는 많은 플롯 가운데 하나를 선택할 수 있기에 다양한 결론에 이른다.45) 이제 '나'는 '타자' 속에서 이해될 수 있다. 영화를 보는 것은 일종의 의사소통, 즉 주체와 대상 사이의 상호작용이다.46) 카메라는 인간의 눈처럼 그것들의 상호작용을 보여준다.47) 이제 네트워크 시스템이 영화 제작에서 중요하다. 그래서 자율적이고 이성적인 자아가 들어설 자리는 여기에 없다.

(2) 인식론에서 실재론이 부정됨

모더니즘에서 영화감독들은 카메라의 기계적 작용을 통해 영화에서 저자의 주관성을 제거하고자 했다. '투명성'transparency 테제에 따르면, 우리는 영화나 사진을 통해 실재 세계에 있는 실재 사물들을 본다. 영화는 실재의 구현으로 여겨졌다. 그래서 모더니즘 시대에 영화감독들은 실재의 핍진성verisimilitude48)을 이상으로 삼는 재현 이론을 받아들였다. 그들은 카메라의 기계적 특성을 강조함으로써 인간의 개입을 막고자 했다. 그래서 그들은 영화에서 롱 테이크long take나 시야심도depth of field, 깊은 초점deep focus을 선호했다. 그들은 사진을 실재 존재하는 대상에 관한 사진으로 여겼다.49) 디지털 기술들은 영화의 핍진성을 구현하기에 좋은 환경이 될 수 있다.50) 예를 들어, 시네마 베리테cinema verite 영화

---

44) 권중운, "새로운 시각매체의 의의와 역할: 영상매체의 시각체제에 대한 인식론적 개관", pp. 16-17.

45) 김계중, "디지털 영화의 유형별 고찰: 국내 영화제를 중심으로", 『디지털영상학술지』 1 (2004), p. 119.

46) 전평국, "현대영화 제 이론의 발달과 변천: 정치와 철학적 관점에서", p. 29.

47) 권중운, "새로운 시각매체의 의의와 역할: 영상매체의 시각체제에 대한 인식론적 개관", p. 15.

48) 수용자가 텍스트를 실재를 반영하는 이야기로 받아들이는 정도를 말한다.

49) 신정원, "영화의 사실주의에 대한 철학적 고찰", 『미학』 46 (2006), pp. 92-97.

에서51) 카메라의 운동과 프리줌free zoom을 사용할 때 우리는 실재의 느낌을 지닐 수 있다.52) 디지털 애니메이션은 대상을 실재 있는 그대로 기술하려고 한다. 그 기술이 매우 자연스럽다.53)

　　미국의 미학자들은 영화와 대상 사이의 유사성이라는 개념에 대해 비판적 태도를 취한다. 그들은 자유롭고 순수한 눈이라는 생각을 하나의 신화로 여긴다. 보는 것은 선택하고 거부하고 구도를 잡고 분석하고 구성하는 행위이다. 그들에 따르면, 우리는 지각과 해석을 정확히 구분할 수 없다.54) 카메라는 실재 대상을 기술하지만, 인간의 의도와 개입을 피할 수 없다. 특히 영화에서의 공간은 우리의 일상경험에서의 공간과 같지 않다. 또한 우리는 실재 세계에 있는 대상 없이도 영화에서 이미지를 만들어낼 수 있다.55) 우리는 이런 태도를 표현주의를 지지하는 영화감독들에게서 발견할 수 있다. 그들은 카메라의 존재를 일깨우도록 하지만, 영화에서 리얼리즘을 지지하는 감독들은 카메라의 존재를 우리의 마음에서 지우고자 한다. 피사체의 머리 위에서 촬영하는 버즈 아이 뷰bird's eye view나, 높은데서 피사체를 찍는 하이앵글high angle, 눈높이에서 촬영하는 아이 레벨 앵글eye level angle, 피사체를 올려다보면서 촬영하는 로우 앵글low angle, 카메라를 옆으로 비스듬히 기울인 사각 앵글oblique angle은 영화감독들이 실재 세계로부터 구성해내는 것을 표현하는 데 사용된다.56)

---

50) 김계중, "디지털 영화의 유형별 고찰: 국내 영화제를 중심으로", p. 116.
51) 직접영화(direct cinema)로도 불리는데, 제작자의 의도적 간섭 없이 일어나는 사건을 그대로 찍어서 제작하는 다큐멘터리 영화이다. 언제나 들고 다닐 수 있는 카메라와 음향장비 등 최소한의 장비로 만들어지는 영화이다. 1920년대 "카메라 렌즈로 포착되는 것이 사물의 본질"이라고 주창한 러시아의 지가 베르토프(Dziga Vertov)의 '키노 프라우다'(kino-pravda) 운동의 영향을 받아 프랑스에서 등장한 다큐멘터리 영화로서 현실을 영화가의 관점에서 분석적으로 기록한다.
52) 같은 책, pp. 116-117.
53) 신정원, "영화의 사실주의에 대한 철학적 고찰", p. 105.
54) 같은 책, pp. 113-115.
55) 같은 책, pp. 97-101.

영화가 예술의 다른 미디어보다 더 실재적이라는 믿음은 잘못되었다. 영화는 자연을 있는 그대로 기술하지 않는다. 영화감독들의 표현 방식에 많은 선택들이 영향을 준다. 대상이 없어도 우리는 사진을 만들 수 있다. 그러하기에 실재론은 영화의 필요조건도 아니며 충분조건도 아니다.[57] 또한 재현이나 모방, 구성을 통해 제작된 시각 예술들은 예술의 독창성과 관련된 문제들을 일으킨다.[58]

(3) 철학 영역의 확장: 비언어적 의사소통의 중요성

근대 서구철학은 문자 언어를 의사소통의 주요 도구로 채택했다. 그래서 그 철학의 목표는 이성적 문법구조를 지닌 언어를 통해 세계에 있는 외부 사물의 합리적 구조를 발견하는 것이었다. 그래서 시각 예술들, 특히 영화 덕분에 우리가 행할 수 있는 비언어적 의사소통은 상대적으로 무시되었다. 그러나 시각 예술들, 특히 영화는 우리에게 의사소통의 새로운 수단, 즉 비언어적 의사소통을 제공한다. 이러한 종류의 의사소통에 주의를 기울이지 않으면 안 된다.[59] 서구 근대에 문자 기호가 의사소통의 주요 수단인데 반해, 시각 기호는 포스트모던 시대에 중요한 의사소통 수단이다. 따라서 오늘날 우리는 이미지가 무엇을 말하는지 배워야 한다.[60]

이러한 의미에서 볼 때 우리는 이러한 변화를 '이미지의 복권'으로 여길 수 있다. 이미지 문화에서 철학자는 상상과 감정, 미적 파악을 이성보다 열등하다고 여겨서는 안 된다.[61] 철학자는 영화를 철학적 반성의 대상으로 삼아야 한다. 문자언어뿐 아니라 영화도 우리의 철학을 잘 표

---

56) 이철우 · 유인경, 『연극 영화의 이해』, pp. 195-198.
57) 신정원, "영화의 사실주의에 대한 철학적 고찰", pp. 123-124.
58) 현택수, "미학적 인간과 매체예술 -비디오 아트를 중심으로-", pp. 97-99.
59) 베르너 파울스티히, 『영화의 분석』, p. 9.
60) 송태현, "전자 영상 매체 시대의 기독교 문화", 『신앙과 학문』 4권 3호 (1999), pp. 115-120.
61) 같은 책, pp. 123-126.

현할 수 있는 수단이다. "우리는 카메라를 사용함으로써 영화로 철학을 쓸 수 있다."[62] 언어 분석은 우리의 자아와 사회, 세계를 이해하기에 충분하지 못하다.[63] 비언어적 기호, 즉 이미지를 지나치게 문자 기호로 환원하면 운동의 이미지를 잃어버린다는 점에서 왜곡을 낳을 수 있다.[64] 이미지는 구두 언어와 문자 언어와 더불어 철학에 사용되는 제3의 언어로 간주되어야 한다.[65] 이 점에서 나는 이미지가 지적이지 않다는 주장을 거부하는 정대현의 생각에 동의한다.[66] 정대현에 따르면, 예술가들이 사용하는 이미지 언어는 공동체의 맥락 속에서 이해되어야 한다. 이미지는 사회적 맥락으로부터 해석되어야 하는 일종의 텍스트이다.[67]

정대현의 주장은 영화 제작에 나타나는 의사소통의 민주화 현상을 잘 설명해준다고 여겨진다. 20세기에 제작자와 관객 사이의 분업이 유지되었던데 반해 이제는 영화 제작과 영화 소비가 통합될 것이다. 제작자와 소비자 사이에 장벽이 없다. 컴퓨터에서 동영상을 만들고 소비하는 일은 일반 사람들도 할 수 있는 일이다.[68] 영화는 의사소통과 메시지, 미디어, 관객 사이에 다양하게 나타나는 상호의존성을 보여준다고 여겨진다. 영화는 매우 복잡한 제작과정의 결과이기 때문이다.[69]

또한 영화를 통한 의사소통은 영화감독과 스태프, 배우와 극장, 관객, 비평가가 영화의 의미를 만드는 데 함께 참여한다는 점에서 일종의 협업이다.[70] 그래서 영화 분석은 의사소통 상황들에 대한 분석이기도

62) 권중운, "영화예술에 대한 현대 영화이론의 철학적 문제", pp. 78-80.
63) 오향미, "에른스트 캇시러의 문화철학적 전체주의비판", 『정치사상연구』 4 (2001, 봄), p. 139.
64) 김호영, "신상옥의 영화에 나타난 사선(斜線)의 미학", pp. 62-63.
65) 류인희, "영상시대의 윤리적 과제와 성찰 -가족문제를 중심으로-", pp. 291-292.
66) 정대현, "넓은 기호의 영상 -영상은 비지성적인가", 『기호학 연구』 7 (2000), pp. 11-12.
67) 같은 책, pp. 19-20, pp. 24-27.
68) 같은 책, 37. UCC(User Created Contents)나 PCC(Promateur Created Contents)가 대표적인 사례이다.
69) 베르너 파울스티히, 『영화의 분석』, p. 32.
70) 같은 책, p. 37.

한데, 이는 완벽하게 이루어질 수는 없는 작업이다.[71]

3. 기독교적 평가

전통적으로 기독교, 특히 개신교는 문자 언어와 밀접한 관계를 지니고 있다. 종교개혁가 마르틴 루터Martin Luther가 주장한 구호 가운데 하나가 '오직 성경으로'Sola Scriptura인데, 이는 비언어적 기호나 상징으로 가득했던 중세 기독교의 전통을 거부하고 기록된 언어인 성경을 비언어적 기호나 상징보다 중시하는 결과를 낳았다. 개신교 전통은 언어의 합리성에 주목하고 언어적 의사소통을 중요하게 여기는 근대 계몽주의와 흐름을 같이 했다고 볼 수 있다. 움베르토 에코Umberto Eco의 저서 『포스트모던인가 새로운 중세인가』(서울: 새물결, 2005)가 보여주듯이, 포스트모던 시대는 이미지를 중시한다는 점에서 중세를 많이 닮아 있다. 그 결과 예배 의식에서 구체적인 이미지를 많이 제거하고 추상성을 추구함으로써 간소해진 개신교에서도 예배 의식에 여러 가지 이미지를 부여함으로써 종교성을 확보하려는 움직임이 나타났다. 문자적 언어로 이루어진 성경 텍스트를 해석하고 설명하는 방식의 설교에서 영상 설교 등 시청각 이미지를 사용하는 설교로 나아가는 경향을 보이고 있다. 이는 포스트모던 시대의 사람들이 이전보다 이미지를 중시하는 경향에 부합하려는 것으로 보인다. 실제로 영화를 제작하는 사람들의 입장에서 볼 때 결혼식 장면을 찍을 때 제단이 매우 건조해 보이는 개신교의 교회당보다는 많은 이미지와 상징물로 가득 찬 가톨릭 성당을 선호할 수밖에 없다. 영화는 이미지를 중시하는 예술이기 때문이다.

그런데 사람에게는 이성뿐 아니라 감성이 있다. 이는 우리가 언어적 의사소통에뿐 아니라 비언어적 의사소통에도 주의를 기울여야 한다는

---

71) 같은 책, p. 205, pp. 218-220.

뜻이기도 하다. 언어적 기호와 비언어적 기호를 양자택일의 대상으로 삼기보다는 인간의 의사소통에 필요한 두 축이라고 이해하는 편이 더 바람직해 보인다. 이성과 합리성을 강조하고 감성과 비합리성을 평가 절하했던 계몽주의의 잘못이 이미지와 인간 감성의 중요성을 간과했다는 데 있다면, 감성과 비합리성을 강조하는 포스트모던 시대의 잘못은 인간의 이성과 합리성을 약화시키는 데 있다고 볼 수 있다. 기독교는 인간에게 합리성과 비합리성이 공존하고 있으며, 합리성과 비합리성이 서로 긴밀하게 연결되어 있다고 본다. 도예베르트Doyeweerd와 같은 기독교철학자는 인간의 이성적 활동의 근간에는 종교적 뿌리인 가슴heart이 있다고 여겼다. 이를 통해 그는 인간의 합리적이고 이성적인 활동의 출발점 내지 전제에는 인간의 비합리적 신념 내지 믿음이 있음을 보여주고자 했다. 합리성과 비합리성의 관계를 어떻게 설정하느냐는 따로 논의해야 하는 복잡한 문제이기는 하지만, 적어도 합리성과 비합리성이 양자택일의 대상이 아니라는 점은 분명하다. 따라서 기독교는 성경 텍스트를 중시하는 합리적 전통을 유지하는 한편 텍스트 속에 살아 숨 쉬는 비언어적 기호들을 발견하고 느낄 수 있도록 해주어야 할 것이다. 이는 기독교가 한편으로는 이성적 언어로 구성된 교리 내지 신학을 유지하면서도, 기독교인들의 생생한 체험도 인정하는 것과 맥락을 같이 한다. 기독교인들의 종교적 체험을 해석하는 틀 역할을 교리 내지 신학이 하듯이, 다양한 비언어적 기호들을 사회적 맥락에 비추어 이성적으로 해석해낼 때 비언어적 기호를 사용한 철학도 가능할 것으로 보인다.

04 나가는 말

이 글에서 시각 예술, 특히 영화가 철학자들에게 던지는 도전이 무엇인지 밝히고자 했다. 거대담론을 추구하는 연역적 방법보다 영화의 다양성을 고려하는 귀납적 방법이 영화 연구에 더 적합하다고 주장했다. 우리는 문자 언어와 그것의 합리적 구조를 통해서 얻을 수 있는 일부 메시지를 우리에게 제공할 수 있는 다양한 종류의 이미지 기호들에 열려 있어야 하기 때문이다. 그래서 의사소통의 수단 역할을 하는 일부 영화 기법들을 소개했다.

또한 현대 영화에 담긴 철학적 함축이 무엇인지 설명했다. 현대 영화는 '주체' 철학의 몰락을 잘 보여주며, 인식론에서 실재론이 거부되고 있음을 밝혀주며, 철학 영역이 확장되고 있음을 드러내었다. 또한 비언어적 기호를 사용하는 영화도 철학적 텍스트로 사용될 수 있다는 점도 언급했다. 또한 기독교, 특히 언어적 기호를 중시하는 개신교가 사실 언어적 기호뿐 아니라 비언어적 기호도 중요시하고 있음을 밝혔다.

마지막으로 한 가지 제안을 덧붙이고자 한다. 비언어적 기호인 이미지가 우리의 어휘를 이전보다 풍부하게 만들어주는 것은 사실이지만, 이미지에 절대적 지위를 부여해서는 안 된다. 언어적 기호인 문자 언어와 구어도 효과적인 의사소통의 수단으로 존중되어야 한다. 이는 언어적 기호나 비언어적 기호 어느 하나를 절대화해서는 안 된다는 뜻이기도 하다. 언어적 기호와 비언어적 기호는 서로 보완 역할을 함으로써 이성적일 뿐 아니라 비이성적이기도 한 인간의 효과적 의사소통을 도울 수 있다.

■ 참고문헌

http://en.wikipedia.org/wiki/Cut_scene
권중운, "새로운 시각매체의 의의와 역할: 영상매체의 시각체제에 대한 인식론적 개관", 『예술문화연구』 9, 1999.
권중운, "영화예술에 대한 현대 영화이론의 철학적 문제", 『미학』 13, 1988.

김계중, "디지털 영화의 유형별 고찰: 국내 영화제를 중심으로", 『디지털영상학술지』 1, 2004.

김영숙, "마르크스의 문화개념과 문학예술 이념의 문제", 『역사와 사회』 2권 12, 1993.

김호영, "신상옥의 영화에 나타난 사선(斜線)의 미학", 『현대영화연구』 2, 2006.

류인희, "영상시대의 윤리적 과제와 성찰 -가족문제를 중심으로-", 『동서철학연구』 27, 2003.

박성수, "들뢰즈의 이미지-사유 개념에 관하여", 『동서철학연구』 27, 2003.

박종천, "영화가 종교를 만났을 때 -김기덕의 <봄여름가을겨울그리고봄(2003)>을 중심으로-", 『종교연구』 44, 2006.

박지홍·신양섭, "기호학 논쟁의 영화 미학적 근거", 『영화연구』 19, 2002.

베르너 파울스티히, 이상면 역, 『영화의 분석』, 민중사, 2003.

송병선, "라틴아메리카 문학의 환상성과 영상예술 : 문학교육의 새로운 지평을 향하여", 『스페인 문학』 17, 2000.

송태현, "전자 영상 매체 시대의 기독교 문화", 『신앙과 학문』 4권 3호, 1999.

신정원, "영화의 사실주의에 대한 철학적 고찰", 『미학』 46, 2006.

오향미, "에른스트 캇시러의 문화철학적 전체주의 비판", 『정치사상연구』 4, 2001.

이병창, "영화에서 자유간접화법의 철학", 『시대와 철학』 15권 1호, 2004.

이이남, "애니메이션: 영상예술 몽타주이론과 애니메이션의 상관관계 연구", 『만화애니메이션 연구』 9, 2005.

이철우·유인경, 『연극 영화의 이해』, 한국문화사, 2003.

전평국, "현대영화 제 이론의 발달과 변천: 정치와 철학적 관점에서", 『영화연구』 15, 2000.

정대현, "넓은 기호의 영상 -영상은 비지성적인가", 『기호학 연구』 7, 2000.

한국철학회 편, 『문화철학』, 철학과 현실사, 1995.

현택수, "미학적 인간과 매체예술 -비디오 아트를 중심으로-", 『철학연구』 21, 1998.

황선애, "무질과 영화 -'영상 미학 Asthetik der Bildlichkeit'의 여러 담론들-", 『독일언어문학』 21, 2003.

음반 〈Again 1907 부흥이여 다시 오라〉의 가사 비평을 통한
기독교문화콘텐츠의 방향 모색

이경재 | 백석대학교 기독교철학

01 부흥의 주체에 대한 물음

한국 기독교계에게 2007년은 특별한 의미를 지닌 한 해였다. 1907년에 일어났던 평양 대부흥 100주년을 맞는 해였기 때문이다. 2007년 1월 7일에서 13일에 걸쳐 "부흥을 넘어서 변혁으로"라는 슬로건 하에 올림픽공원 체조경기장에서 개최된 트랜스포메이션 2007 대회와 2007 7월 8일 상암동 월드컵경기장에서 열린 '2007 한국교회 대부흥 100주년 기념대회' 등 쉽게 눈에 띠는 대규모 연합대회들 뿐 아니라 각 교단과 지역별로 크고 작은 집회와 활동들이 전국적으로 이어졌다. 이러한 모든 움직임들을 집약적으로 표현하고 있는 적절한 표현이 바로 'Again 1907'일 것이다. 2007년은 1907년의 100주년을 단순히 '기념'하고 기리는 행사들의 해가 아니라 당시에 일어났던 부흥의 불길이 다시 한 번 타오르는 원년이기를 염원하는 마음을 표현하는 슬로건으로—비록 패러디라는 지적을 받을 수는 있음에도 불구하고—손색이 없다.

100주년을 준비하는 시점은 때마침 2006년 5월에 '2005 인구주택 총조사' 결과가 발표되어 기독교계에 적지 않은 파장을 일으킨 시기와 맞물린다. "기독교인 861만, 전체 인구의 18.3%, 5년 전보다 1.6% 감소" 등의 수치[1]가 기독교계 자체의 기대에 미치지 못했음은 물론이고, 전체 인구 중 비종교인이라고 대답한 46.9% 가운데 절반 이상이 기독교도였다고 대답했다. 이는 곧 기독교였다가 비종교인이 된 사람들의 숫자가 현재 기독교인이라고 대답한 사람들의 숫자와 거의 맞먹는 수준이라는 의미임이 지적되었고, 양적인 성장지향주의 및 영적인 침체와 빈곤에 대한 반성의 소리가 터져 나왔다. 이러한 통계자료는 기독교 전반에 대한 경종으로 받아들여졌을 뿐 아니라 평양 대부흥 100주년을 준비하는 자세에 대해서도 반성적 자기점검을 요구하는 잣대로 작용했다. '1907'이라는 네 숫자가 상징하는 부흥의 불길에 대한 기독계의 염원은 우리가 마땅히 바라고 기대해야 할 것이지만, 그 '부흥'이 구체적으로 어떤 모습이어야 하며 또 어떤 결과를 가져오는 것이어야 하는지에 대한 반성적 질문이 제기된 것이다.

상황은 비교적 명료하다. 우리는 일백 년 전 평양에서 일어났던 부흥의 불길이 다시 타오르기를 기대하는 것이다. 질문도 의외로 간단하다. "그러한 부흥을 오늘에 다시 일깨우기 위해 무엇을 해야 하는가?" 그런데 이 질문은 사실상 '부흥'의 본질적 측면에 대한 물음과 연관된다. 한 마디로 부흥이란 무엇이며, 그것의 주체와 이유와 목적에 대한 질문이 제기될 수 있는 것이다.

이 질문 앞에서 개혁주의 신학자이자 은사주의 운동의 지도자로 활

---

1) 인구주택총조사 결과에 대해서는 통계청 홈페이지(http://www.kosis.kr/domestic/theme/do01_index.jsp) 참조. 이 외에도 결과가 발표된 직후인 2006년 5월 말 이후 기독교계 언론기사들에게서 다양한 분석을 찾아볼 수 있다.

동했으며 세인트 존스 신학대학 부학장을 역임한 톰 스매일의 지적을 되새겨 보자.

> 현대의 어떤 기독교 운동을 바라보더라도, 그 중 많은 운동의 주요 특징이 성부 하나님에 대한 강조와 헌신이 아니었음을 인정할 수밖에 없다. 복음주의자들은 주로 성자 그리스도, 그분의 신격과 그분의 충분한 속죄, 실제로 일어난 그분의 부활에 관심을 가지고 있었으며…… 반면에 은사주의자들은 종종 강조점을 성자에서 갱신과 권능과 영적 은사와 열매의 주권적 원천인 성령으로 옮겨놓았다.[2]

실제로 'Again 1907' 운동의 시선은 주로 '성령'에 맞추어져 있다고 할 수 있다. 'Again'이라는 단어에 함축되고 있는 구체적 내용은 '성령'과 '부흥'으로 요약할 수 있을 것이다. '성령이 역사하셔서 다시 한 번 우리에게 그 당시와 같은 뜨거운 부흥의 불길이 타오르게 하시기를' 기대하는 것이 'Again 1907'이라는 슬로건의 전체는 아닐지언정 주요 내용이다. 각종 대회와 집회마다 '회개'가 강조된 것은 그것이 성령의 역사에 대한 전제조건처럼 인식되었기 때문이다. 역사적으로 성령의 역사가 시작된 단초는 1907년 1월 평양 장대현 교회 사경회에서 터진 한 사람(길선주 목사, 당시 장로)의 회개로부터였으며, 이것은 다시금 1903년 원산 감리교회에서 터진 한 선교사(토마스 하디 선교사)의 회개에서 비롯되었다는 역사적 사실이 이러한 인식의 정당성에 대한 보증처럼 간주되었다. 결국 'Again 1907'을 꿈꾸며 다양하고도 새롭게 부각되는 1907년의 평양 대부흥 자체에 대한 재조명이 '성령'의 사역에 초점을 맞추고 있다는 점은 부인할 수 없을 듯하다.

물론 삼위일체 하나님을 섬기는 기독교로서는 성자나 성령에의 호

---

2) 톰 스매일, 정옥배 옮김, 『잊혀진 아버지』 (서울: IVP, 2005), p. 23.

소가 곧 성부 하나님에 대한 외면이나 소홀함은 아니라고 말할 수 있다. 그러나 셋은 아닐지언정 그렇다고 해서 하나님의 삼위가 단순히 한 분 하나님의 세 양태 혹은 세 역할 정도로만 구별되는 것은 아닌 이상, 성자와 성령 각각에 대한 언급은 모두 "성자 및 성부 하나님과 성령의 관계라는 더욱 광범위한 맥락에서 해야 한다"[3]는 톰 스매일의 지적은 설득력이 있다고 보인다. "성령의 행동은 언제나 성자 안에 나타난 성부의 행동에 종속되며, 또한 육체 가운데, 복음의 주제이며 중심인 나사렛 예수의 인간 삶과 행동 가운데 오신 성자에게 종속될 것"이라는 그의 지적은[4] 성령의 불길이 재삼 타오르기를 소망하는 우리에게, 과연 이러한 일들을 이루시는 궁극적인 주체가 누구인가에 대한 교과서적 질문을 제기하도록 만든다.

섭리와 경륜 모두가 성부 하나님의 절대주권의 영역에 속한다는 원칙적 시각에 대해 이의를 제기할 기독교인은 없을 것이다. 다시 말해 모든 일의 배후에는 명시적이든 암묵적이든, 직접적이든 간접적이든 성부 하나님이 자리하고 있음을 부인할 수 없다. 이 원칙이 원칙으로서의 효력을 상실하지 않는 한, 인간 측에서 의도하는 모든 일은 그것을 이루려는 인간들의 능력과 노력이 충분한가의 여부에 달려 있다고 볼 수는 없는 독특한 입장에 서게 된다. 이것은 단순히 '할 일을 다 하고 결과를 기다리는' 진인사대천명盡人事待天命의 입장과 구별된다. 초월적인 인격적 존재의 의도적 개입을 염두에 두기보다는 자연적인 상황 속에서 인간이 미처 계산하지 못한 여러 변수—다른 인간들의 의도까지를 포함해서—들에 대한 충분한 계산의 현실적 불가능성에 입각한 인본주의적 한계상황을 인정하는 것일 뿐이기 때문이다. 이에 반해 기독교적 최선은 인간으로서의 최선을 다하는 것에 그치지 않고, 그에 더해서 궁극적 주관자인 성부 하나님에의 호소를 포함한다. 성자와 성령의 역사에 대한 기대와 소망

---

3) 같은 곳.
4) 같은 책, p. 31.

역시 예외일 수 없다.

　이러한 구도에서라면 자연히 100년 전 평양을 되돌아보면서 성령의 불길이 다시 한 번 타오르거를 기대하는 염원과 소망은 직접적이든 간접적이든 성부 하나님에 대한 호소와 의존으로 수렴될 수밖에 없다. 마땅히 감당해야 할 인간들의 몫도 있을 것이고, 그 위에 일어나는 성령 하나님의 역사도 강조되어야 할 것이지만, 그 모든 것이 근본적으로는 성부 하나님의 뜻 안에서 이루어진다고 하는 기독교의 근본적인 시각이 작동하지 않을 수 없는 것이다. 자연히 한 마음으로 힘써야 할 것들 가운데 가장 으뜸이 되는 것은 우리의 기획이 하나님의 뜻에 부합하는 것이기를 간구하는 일일 터이다. 그렇지 않을 경우는 "사람이 마음으로 자기의 길을 계획할지라도 그의 걸음을 인도하시는 이는 여호와시니라"(잠16:9)는 말씀처럼, 제 아무리 좋은 취지에서의 계획이라 할지라도 우리 자신의 뜻대로가 아니라 하나님의 뜻대로 된다는 것을 인정해야 한다.

　이것은 단순히 몇몇 사람들에만 해당하는 것이 아니다. 'Again 1907'이 특정인들의 염원이 아니라 한국 기독교계 전체의 공통된 소망이라면, 불특정 다수를 대상으로 이를 호소하고 권고하는 데 있어서도 바로 이 점이 강조되지 않을 수 없다. 한 마디로 말해서 우리가 원하는 것을 성부 하나님께 아뢰고 그 분께서 우리를 도구로 사용하셔서 일하시기를 기다리는 그러한 태도를 취할 필요가 있다고 보이는 것이다.

　그러므로 'Again 1907'을 준비하고 실행하는 과정 속에서 제작되고 보급되는 홍보물 등에는 이에 대한 분명한 인식을 고취시키는 작업이 필요하다고 판단해 볼 수 있다. 통상의 일반적인 홍보물의 경우 그것을 접하는 대상들의 마음을 사로잡는 것이 최우선 과제가 될 것이지만, 기독교 혹은 기독교 세계관과 관련될 경우는 그렇게만 생각할 수가 없다. 기독교에서 말하는 하나님이 통치하는 세상 및 그 안에서의 가치질서와 하나님을 인정하지 않거나 혹은 적어도 고려하지 않아도 무방하다고 간주되는 그런 세상 및 그 안에서의 가치질서는 서로 공존할 수 없기 때문이다.

그러므로 'Again 1907'과 같은 기획과 관련해서 제작되는 모든 콘텐츠와 홍보물의 최우선 과제는 사람들을 사로잡고 움직이게 만드는 데 있기 보다는 사람들로 하여금 하나님의 마음을 움직이는 호소를 할 수 있도록 인도하는 데 있다. 물론 주요 타깃 대상이 누구인가에 따라 내용과 성격 및 강조점이 달라질 수 있지만, 그러한 차이에도 불구하고 부흥의 주체가 누구인지, 누가 일하셔야 가능한 기획인지 등의 근본적인 줄기에 관한 한 나름대로 확실한 인식을 공유할 수 있도록 하는 것이 바람직 할 것이다.

　　인간의 눈으로 볼 때, 1907년의 부흥은 전혀 기획되거나 의도되지 않은 것인데 반해 2007년에 다시 꿈꾸는 부흥은 분명한 의도와 기획 하에 추구된다는 분명한 차이가 있다. 그럼에도 불구하고 기독교 세계관의 토대 위에서 그 둘 모두를 가능케 하는 조건과 힘이 어디에 있는지를 분명하게 지시함으로써 각자에게 주어진 상황에서 여러 모양새로 그 염원에 동참하는 사람들로 하여금 올바른 마음가짐을 지니게 도와주는 역할을 해야 하는 것이다.

　　이러한 전제 위에서 이 글은 'Again 1907'의 염원을 담고 있는 여러 문화콘텐츠 결과물이 그러한 염원의 궁극적인 실현 주체인 성부 하나님에게로 사람들의 시선을 효과적으로 유도하고 있는지를 점검해 보려고 한다. 이를 위해 2004년 12월에 발매된 음반 〈Again 1907 부흥이여 다시 오라〉에 실린 총 15곡의 가사내용을 분석의 대상으로 삼아, 그 안에서 성부 하나님의 모습이 어떻게 그리고 어느 정도 그려지고 있는지를 살펴보고자 한다.

02 부흥의 목적에 대한 물음

이 음반을 발매하면서 붙여진 글은 다음과 같은 문구로 시작한다.[5]

오늘날 한국 교회는 예배의 회복을 간절히 염원하고 있습니다.

그런데 '예배의 회복에 대한 염원'이라는 표현은 예배가 그 마땅하거나 온전한 모습을 상실하고 있다는 진단을 토대로 할 때 비로소 그 진정한 의미를 지닌다. 그러므로 이 표현이 그저 인사말을 위한 수사적 표현에 불과한 것이 아니라면, 그것은 오늘날 한국교회의 현실로는 채워지지 않는 어떤 갈급함을 내포한 것일 수 있다. 마가의 다락방에서부터 1907년 평양에서 일었던 성령의 불길 같은 사역에 대한 증언들은 바로 우리로 하여금 그러한 갈급함을 분명하게 인식하게 해주는 판단의 기준으로 작용한다. 그 당시의 증언들로부터 기대해 볼 수 있는 성령의 불길이 이 시대에서는 목도되지 않는다는 이해에 입각할 때 비로소 그러한 불길이 우리에게 '다시' 일어나기를 꿈꿀 수 있기 때문이다.

하나님께서 특별히 간섭하신 것으로 증거되는 여러 역사들을 보면서 그것이 다시 한 번, 특히 '나' 혹은 '우리'에게도 일어나기를 기대하는 것은 자연스러운 소망일 것이다. 아브라함에게, 모세에게, 다윗에게 그리고 엘리야와 엘리사에게 나타나셨던 하나님이 나에게도 나타나시기를 기대하는 것은 자연스러울 것이며, 그들처럼 되기를 원하지 않는 기독교인들이 누가 있을 것인가. 이스라엘 백성에게 일어났던 것처럼 우리에게도 홍해가 갈라지거나 하나님께서 불기둥과 구름기둥으로 인도하시는 그러한 역사가 일어나기를 꿈꿔볼 수 있는 것이다. 베드로처럼 물위를

---

5) 이 문구는 인터넷에서 찾아볼 수 있으며, 필자가 가지고 있는 CD음반에는 이와 조금 다른 문구가 실려 있다.

걷거나 마가의 다락방에서와 같은 성령의 역사가 임하는 것을 꿈꿀 수도 있을 것이다.

그러나 그 모든 일들은 어떤 맥락 안에서, 어떤 목적 때문에 일어난 일들임을 기억해야 할 것이다. 홍해가 갈라지는 것은 바로의 군대가 추격해 오는 상황에서, 그리고 불기둥과 구름기둥은 동서사방에 길이라고는 없는 막막한 광야에서의 일이었다. 문제의 해결이 목적이었을 수도 있고, 의심하는 백성들에게 하나님께서 당신이 동행하시며 역사하신다는 것을 증거하여 확신시키기 위한 것일 수도 있다. 하나님께서 당신을 드러내신 경우는 대부분 이 두 경우 즉 문제를 해결하시거나 아니면 당신을 증거하심으로써 의심을 일소하시려는 경우 중 하나라고 보인다.

예수님의 십자가를 통한 속죄와 구속의 사건도 인류의 타락이라는 문제 상황을 해결하시기 위한 것이었다. 하나님께 대하여 최초의 인간이 '아니오'라고 함으로써 타락의 상황이 초래되었고, 이러한 인류의 타락 상태에 대한 하나님의 '아니오'가 바로 십자가와 속죄의 사건으로 현실화된 것이었다. 반면에 모세를 애굽으로 보내시면서 그의 지팡이를 뱀으로 변하게 하시거나 그 손에 문둥병을 발하게 하시는 등의 일들은 모두 당신이 하나님이심을 증거하시기 위한 것이었다.

성경의 기록들은 이 세상에서 일어나는 일들 모두가 다 이런 이유들로 인해 하나님께서 일하시는 것이라고 우리에게 가르친다. 성경에 기록된 사건들의 경우에는 나타나고 드러난 사건들의 이면에서 작동하는 그 전말과 그 속에 일하시는 하나님의 손길과 그에 개입된 하나님의 뜻을 우리에게 기록으로 전해주기 때문에 분명하게 아는 반면, 성경에 기록되지 않은 일들은 그 이면이 우리에게 감추어져 있다는 것만이 다를 뿐이다. 실제로 우리는 출애굽에 기록된 열 가지 재앙을 하나님께서 보내신 것으로 분명하게 인식하면서, 그것을 인정하려 들지 않는 바로의 강퍅함을 조롱하지만, 사실 성경의 기록을 알지 못했던 당시의 애굽 백성들 입장에서 생각해 보면 메뚜기떼가 날아와 작물을 망치거나 이가 들끓는 현상을 아무 저항 없이 하나님이 의도하시고 주도하신 것이라고 생각할 수 있었겠는지 의문이다. 요셉이 총리로 있던 애굽에서의 가뭄이나 엘리야가 예언한 가뭄에서는 그것을 통해 하나님이 무엇을 하고 계신지 분명하게 말할 수 있을지 몰라도, 2007년 6월 우리나라에서 지속된 봄 가뭄이 왜 그리고 무엇을 위한 것인지 누가 말할 수 있겠는가. 그럼에도 불구하고 이들은 서로 성격이 근본적으로 다른 것이라고는 말할 수 없지 않겠는가.

1907년 평양을 중심으로 일어났던 대부흥의 물결은 누가 주도한 것일까? 그리고 그것은 왜 일어났던 것일까? 그것을 통해 하나님은 무엇을 하려 하신 것인가? 그것을 통해 나타난, 그리고 결과로서 이루어진 하나님의 뜻은 무엇인가? 이런 물음들에 대한 분명한 인식이 있어야 비로소 그것이 100년 후의 우리에게 어떤 의미가 있는지 말할 수 있을 것이다.

그리고 100년이 지난 지금 우리는 그 부흥의 불길이 다시 일기를 꿈꾼다. 왜인가? 왜 우리는 그것을 꿈꾸는가? 우리의 그런 소망은 어떻게 해야 이루어질 것인가? 오늘 우리가 'again 1907'을 외치면서 의미하는 '부흥'이라는 것은 구체적으로 무엇인가?

우리 자신들의 바람과 소망까지를 담아서 이런 물음들에 대해 대답하며 이 운동을 규정하려는 시도에 앞서 우리는 어느 시대든지 하나님께서 일하시고 역사하시는 방식에 대한 인식을 분명히 할 필요가 있다. 그것은 다음 세 가지로 정리될 수 있다. 첫째, 모든 일은 하나님께서 계획하시고 시행하신다. 다시 말해 일어나는 모든 일의 주체는 하나님이시다. 둘째, 성부 하나님께서는 오직 성자 하나님을 통해서만 당신을 드러내신다. 셋째, 성자 하나님께서는 당신의 모든 일들을 통해 오직 성부 하나님을 드러내시고 증거하신다.

성부 하나님과 성자 하나님 사이의 이러한 관계 구조가 바로 이 땅에서 이루어지는 모든 일들을 성경적으로 이해하는 열쇠가 된다. 일어나는 모든 일들은 하나님께서 당신의 뜻을 이루기 위해 하시는 것이다. 그리고 그 뜻을 이루기 위해 작동하는 근본적인 구조는 바로 성부 하나님의 뜻에 따라 성자 하나님께서 일하신다는 것, 즉 모든 일들은 성부 하나님과 성자 하나님의 관계에서 일어난다는 것이다.

십자가 사건 이후 이러한 성자 하나님의 역할은 이제 그를 대신하여 오신 성령 하나님이 대신하는 것으로 이해할 수 있다. 그리고 '아들 외에는 아버지를 아는 자가 없다'는 말처럼 오직 성자 하나님에게만 알려지던 성부 하나님의 뜻이 이제 십자가 구속으로 인해 예수님의 형제로 부름 받은 성도들에게도 알려질 수 있는 가능성이 열리게 되었다. 실제로 그리스도인이란 사실 성부 하나님과 성자 하나님 사이에 무슨 일이 벌어지고 있는지를 아는 자 이외에 다른 누군가를 의미하는 것이 아니다.

이렇게 볼 때 세상에서 벌어지는 일들에 대한 참된 기독교적 시각을 지닌다는 것은 곧 그 안에서 일어나는 성부와 성자의 관계 구조를 이해하는 데서 출발해야 한다. 분명한 것은 세상에서 벌어지는 일들 자체로부터는 하나님을 알 수 없다는 것 (왜냐하면 성자 하나님을 통하지 않고서는 성부 하나님을 알 수 없기 때문에), 그리고 벌어지는 일들은 모두 우리 인간의 뜻이 아니라 하나님의 뜻을 이루기 위한 것이라는 것, 그리고 그 일의 진행은 하나님과 인간 사이의 관계에서가 아니라 성부 하나님과 성자 하나님 혹은 성령 하나님 사이의 관계 속에서 진행되고 이루어진다는 것이다.

이런 시각을 가질 때 100년 전 대부흥의 불길이 다시 타오르기를 기대하는 입장에서 마땅히 가져야 할 비전과 태도가 어떤 것일지를 한 번 생각해 볼 수 있다. 100년 전 평양의 불길을 말할 때 언급되는 주요 인물들이 있음에도 불구하고, 그 불길이 우리 인간들의 공로로 이루어진 것이라고 할 수는 없는 것이고 보면, 그 불길을 다시 한 번 기대하는 오늘의 우리로서도 '구하면 주시리라'라면서 단순히 결의를 다지는 것만으로는 자칫 우리의 뜻을 관철시키기 위해 하나님의 이름을 빙자하는 결과를 초래할 수 있다.

우리가 하는 것이 아니라 하나님이, 우리의 뜻 때문이 아니라 하나님의 뜻 때문에 불길이 이루어지기를 소망해야 할 것이며, 그 안에서 우리는 뒷짐 지고 구경하는 자로서가 아니라 그러한 일들을 통해 우리와의 관계를 회복시키시려는—"자기를 위하여 구원을 베푸셨다"는 시편 98편의 노래처럼, 이마저도 근본적으로는 우리를 위한 것이기 보다 하나님 당신의 영광을 위한 것이다—그 은혜에 화답하여 그 일의 도구로 쓰이기 위해 전심을 다하는 자세를 확고히 하는 것이 필요할 것이다.

03 가사에 대한 분석

이런 관점을 기준으로 볼 때 언급된 음반 〈Again 1907 부흥이여 다시오라〉에 실린 곡의 가사들은 과연 어떻게 평가될 수 있을까? 여기에 실린 곡은 모두 15곡이다. ① Again 1907 ②오직 예수 ③주의 영이 ④ 주의 십자가 ⑤ 나의 예수님 ⑥ 송축하라 ⑦ 포기하지 않는 사랑 ⑧ 뉴리더New Leader ⑨ 한반도 ⑩ 승리하신 예수 ⑪ 하나됨 ⑫ 내가 사는 동안에 ⑬ Arise ⑭ Victory ⑮ 내 삶의 주인 (이후의 번호는 이 곡들을 지시하기 위한 것임. 각각의 가사 전체는 이 글의 맨 마지막에 첨부.)

이 곡들의 가사에서 전체적으로 보이는 특징은 1907의 부흥을 다시 일으켜야 하는 주체로서 하나님이 강조되고 그럼으로써 하나님의 영광이 기대되기 보다는, 부흥을 일으키기 위해 우리가 분연히 일어나야만 함을 강조하는 데 초점이 있다고 보인다.

먼저, 가사들에서 나타나는 행위의 주된 주체가 모두 하나님이 아니라 인간이다.

주님의 백성들아… 다시 한 번 모두 함께 일어나자 ①

구원받은 백성들(이) … 하나되어 … 하나님의 나라를 이뤄가네 ③

나는… 살라 (십자가 자랑하며 / 주님을 시인하면서 / 주와 함께) ④

난 주가 필요해요 ⑤

내 영혼아 하나님을 송축하라 ⑥

난… 일어나리라 / 가지리라 / 외치리라 / 부르리라 ⑧

(우리가) 버리고… 하나되어 … 예비하라 … 깨어나 … 선포하라 ⑨

… 살아가길 나 원하네 … 주님만 모시리 ⑫

나는 갈망하네 … 사모하네 ⑮

다음으로, 우리 인간들이 어떻게 하느냐가 그에 대한 하나님의 반응의 조건이 된다. 다시 말해 우리가 어떻게 하느냐가 곧 무엇이 성취되느냐를 결정하는 조건이 된다는 사고방식을 내비친다.

1980년도 이 나라 교회가 모여 … 서원하였더니… 주께서 … 축복하셨네 ①

(우리) 모두가 … 서로 이해함으로 하나될 때 … 주님 나라가 이뤄지리 ⑪

예수님과 성령님의 역할이 부인되는 것은 아니지만, 이처럼 인간들의 역할이 전면 부각되는 데 비해 상당히 소극적이고 부수적인 자리에 있음을 부인할 수는 없을 것 같다. 물론 삼위일체 하나님의 사역이 성도들의 모든 행위의 전제가 되기 때문에 굳이 강조하지 않는 것이라고 이해해 볼 수도 있다. 그러나 개인적인 성숙과 헌신이라는 관심이나 관점에서라면 모를까 시대적 요청으로서의 부흥과 성령의 역사를 언급하는 마당에서는 역사의 유일한 주체로서의 삼위일체 하나님을 인정하는 부분이 너무 약하다는 점을 부인할 수 없다.

예수님의 사역이 부각되는 구절이 있기는 하다.

주가 우리의 함께 시작하셨으니 / 그가 또한 역사를 이루시리라 ⑧

그러나 이 가사에서도 여전히 우리는 주가 아니라 부일지언정 뒤편
인 것은 아니라고 보인다. 주님이 하시는 일에 우리가 '도구가 되는 영광'
을 입어 '그분의 잔치상에 초대되는' 그런 이미지라고 하기는 어렵다. 여
전히 주님은 우리와 '함께 시작'하신 것이며, 따라서 우리는 그분이 하시
는 일에 마땅한 '동역자'—동역자일 수 없음에도 불구하고 동역자라 인정
과 칭함을 받는 은혜를 입은 것이기보다는—이며, 따라서 우리가 그를
'위해 무엇인가를 할 수 있고 또 해야 한다'는 생각을 내포하고 있다고 보
인다.

결국 음반 전체의 가사가 하나님의 주권과 작정을 전제한 개혁주의
적 시각에 입각해 있다기 보다는 상당히 인본주의적인 뉘앙스를 표방한
다고 보인다. 물론 사람들의 마음에 호소하여 그들로 하여금 행위를 일
으키도록 하기 위한 목적을 지닌 것이기 때문에 그렇게 된 것이라고 해
볼 수도 있다. 우리가 마땅해 해야 할 몫에 대한 강조가 없이는 자칫 감
떨어지기를 기다리는 게으른 자 같이 하나님의 도우심만을 넋 놓고 기다
리는 소극적 태도로 일관할 위험도 있으며, 따라서 우리의 결단과 각오
를 다지는 이러한 노랫말이 부흥을 꿈꾸며 기대하는 한편으로는 구경꾼
에 지나지 않게 하기 위한 적절한 역할을 한다는 긍정적 측면을 가진다.

그럼에도 불구하고 여전히 우리의 소망을 하나님께 아뢰고 맡기면
서 우리의 뜻보다는 하나님의 뜻을 구한다는 측면, 즉 부흥이 근본적으
로는 우리의 일이 아니라 하나님의 일이라는 시각이 뒤로 물러나 있는
것만은 분명하다고 보인다. 음반의 제작 자체는 부흥을 바라는 마음에서
하나님 앞에 우리가 마땅해야 하는 최선을 다한 결과물에 불과하며, 이

를 통해 사람들의 마음을 움직여 행동하게 하시는 이는 바로 하나님이심을 인정하는 것이 보다 건전한 태도일 수 있다. 사람들이 찬양에 감동되어 행동하는 것이 아니라 사람들이 찬양을 들을 때 그 찬양을 제작한 자들의 마음과 염원을 돌아보시는 하나님께서 그 듣는 자들의 마음을 움직여 행동하게 하신다는 시각도 필요하다고 보인다.

설교라면 몰라도 짧은 찬양 가사에 그것을 담아내기 어렵다고 할지 모른다. 이해하지 못할 바는 아니지만, 그렇다고 해서 불가능한 작업은 아니다. 예를 들어, 오래된 복음성가 중에 다음과 같은 가사가 있다.

하나님 우리와 함께 하시오니 주를 찬양하세 / 우리가 모일 때 임하시는 주님 주를 찬양하세 / 찬양 찬양 예수를 찬양하세 (*2)

이 가사 역시 찬양하는 우리들을 향한 권유가 중심이 되고 있다. 그러나 이 경우는 그 권유가 하나님 사역의 조건으로 작동한다기 보다는 오히려 하나님께서 하시는 일들에 대한 화답으로써 우리가 마땅해 해야 할 바를 권유하고 있는 것으로 이해될 수 있다. 하나님이 우리와 함께 하시니, 우리는 마땅히 찬양을 해야 한다고, 우리가 모였더니 거기에 오셨으므로—오시라고 기도했더니 그대로 응답하신 것이 아니라—우리는 마땅히 우리에게 오시는 은혜를 베푸신 주님을 찬양을 하는 것이 마땅하지 않겠느냐고 권유하는 것이다.

04 마치며

이 음반에 실린 곡의 가사들에 대한 분석은 사실상 그 곡과 함께 평가되어야 마땅할 것이다. 여기에 실린 곡들 하나하나가 가지고 있는 호소력을 고려한다면, 그 가사만을 따로 떼어내어 분석하려는 이 글의 시도 자체가 이미 제한적이고 또 편향된 것일 수밖에 없다.

그럼에도 불구하고 이 곡들의 가사를 통해 성부 하나님에 대한 강조의 미진함을 지적해 보는 이유는 이 가사들의 문제가 아니라 우리 시대 기독교의 흐름이 당면한 현실을 점검해 보고자 하는 의도에서이다. 여러 형태의 기독교 '운동'들이 운동으로서의 측면을 강조하고, 자연히 그 결과에 대한 기대에 골몰하다보면 자칫 기독교 세계관의 본래적인 구조와 충돌하는 국면으로 이어질 우려가 있다고 보이기 때문이다. 앞서 성부 하나님을 의도적은 아닐지언정 은연중에 소홀히 하거나 망각하는 것에 경종을 울린 톰 스매일은 자기가 제출했던 저작 자체가 "성령과 그리스도의 인격 및 사역의 관계에 대해서는 상당히 많이 말했지만, 성령과 성부의 관계에 대해서는 사실상 아무것도 말하지 않았다"는 논평을 받고 변경하기에 급급했던 경험을 자신의 저서 서두에서 털어놓고 있다. 그만큼 성부 하나님을 시야에서 놓치지 않는다는 것은 온전한 기독교인으로서 당연하면서도 말처럼 쉽지만은 않은 과제일 것이다. 이 과제야 말로 앞으로의 기독교문화가 어떤 최첨단 기술과 콘텐츠로 옷을 입고 나서든 간에 반드시 그 근본으로 삼아야 할 본질적 요소가운데 하나임이 분명하다.

음반의 발매에 붙여진 글은 다음과 같이 끝난다.

〈Again 1907 부흥이여 다시 오라〉는 한국 교회사에 작은 부흥의 불꽃이 되고자 합니다.

이 염원이 이루어지기를 소망해본다. 단, 이 음반이 불꽃이 되는 것이 아니라 하나님께서 이 음반을 불꽃으로 삼으셔서 당신이 오늘의 한국에서 일으키시고자 하는 부흥의 불길을 지피시게 되기를 소망해본다. 그리고 우리가 한 마음으로 우리 마음 속에서 일어나기를 소망하는 성령의 불길은 우리의 염원이기 이전에 우리를 향하신 하나님의 뜻이요 계획이기를 소망해 본다.

즉석에서 타오르는 불길을 목도하리라 기대했던 사람들에게는 다소 실망일 수 있지만, 2007년은 외치고 부르짖은 것에 비해 이렇다 할 가시적 성과를 보여주지 못한 채 막을 내렸다. 일각에서는 2007년이 일회성 이벤트만이 난무한 해였다고 비판의 날을 세우거나 혹은 유사한 톤의 자기반성을 토해내기도 한다. 하지만 1907년의 부흥마저도 1907년만의 사건은 아니었던 것처럼, 2007년에 어떤 불씨가 어떻게 뿌려졌는지는 단순히 해가 바뀌었다는 이유만으로 쉽게 평가할 수는 없는 사안일 것이다. 오히려 성급한 부정적 평가는 2007년을 계기로 지금도 어디선가 뿌려지고 있는 작은 불씨들의 싹을 자르는 패배주의적 포기가 될 수 있다. 작은 불꽃이 걷잡을 수 없는 큰 불길로 일어나는 것 자체가 예상과 기대대로 되는 것은 아니며, 그 시기 역시 우리가 헤아릴 수 있는 것이 아님을 누가 부인하겠는가. 언젠가 예기치 못했던 불길의 뜨거움 앞에서 〈Again 1907 부흥이여 다시 오라〉에 실린 이 노래들을 크게 외쳐 부를 날이 우리에게 허락되기를 소망해 본다.

부흥이여 다시오라 Again 1907 가사모음

1 〈Again 1907〉(이천 작사/작곡)

백년전 이 땅 위에 진정한 회개가 있었을 때 / 주의 교회는 빛이 되기 시작하였네

흑암이 이 민족을 멸망의 끝으로 몰아갈 때 / 주의 백성은 깨어 있었네

이 나라의 진정한 파수꾼 주님의 백성들아 / 우리 삶을 주 앞에 불태우며

다시 한번 모두 함께 일어나자 / Agin 이 땅의 부흥이여 천 구백 칠년의 부흥이여

이 나라 주의 법 앞에 / 다시 세워지도록 부흥이여 다시오라

이 나라 위에 / 1980년도 이 나라 교회가 함께 모여

10만명의 선교사를 서원하였네 / 주께선 그 언약 위에 교회와 이 땅의 백성들을

넘치도록 축복하셨네 / 세상 향한 복음의 순례자 주님의 백성들아

우리 삶을 주 앞에 불태우며 / 다시 한번 모두 함께 일어나자

Again 이 땅의 부흥이여 천 구백 칠년의 부흥이여 / 이 나라 열방을 향해

다시 일어나도록 부흥이여 다시오라 / 이 나라 위에

2 〈오직 예수〉(이천 작사/작곡)

마지막 때가 이르러 주님을 기다리네 / 그러나 우리 부르심은 아직 완성되지 않았네

아직도 주님을 모르는 영혼의 신음소리 / 하나님 마음을 품고 주의 사랑 가지고 달려 가리라

오직 예수 다시 이 땅 위에 서서 / 오직 예수 주의 이름을 외치리라

오직 예수 다시 이 땅의에 서서 / 주의 구원과 주의 사랑과 주의 나라를 외치리

주님이 다시 오시면 눈물은 사라지리 / 그러나 우리 부르심은 아직 완성되지 않았네

아직도 주님을 모르고 죄악이 만연하네 / 하나님 마음을 품고 주의 사랑 가지고 달려 가리라

오직 예수 다시 이땅 위에 서서 / 오직 예수 주의 이름을 외치리라

오직 예수 다시 이 땅 위에 서서 / 주의 구원과 주의 사랑과 주의 나라를 외치리

3 〈주의 영이〉(이천 작사/작곡)

해가 뜨는데 부터 해가 지는 이 땅 어느 곳 에서도 / 주의 귀한 이름이 찬양되어 높이

올려 퍼지네

구원 받은 백성들 주님 앞에 기쁨으로 하나되어 / 손에 손을 잡고서 하나님의 나라를 이뤄
가네

모든 생각이 깨어나 말씀으로 돌아가네 / 모든 문화가 변하여 하나님을 찬양하네

예수님의 사랑이 언어를 뛰어넘어 온 땅을 하나로 묶네 / 성령님의 계시가 백성에게 임하여

하나님의 모습을 닮아가도록 하네 / 주의 영이 계시는 곳에 평안이 있으리

주의 영이 계시는 곳에 기쁨이 있으리

구원 받은 백성들 주님 앞에 기쁨으로 하나되어 / 손에 손을 잡고서 하나님의 나라를 이뤄
가네

4 〈주의 십자가〉(이천 작사/작곡)

나는 날마다 성령의 감화로 주님을 주라 시인하면서 / 나를 살리신 주의 십자가 자랑하며
살리

나는 날마다 성령의 감화로 주님을 주라 시인하면서 / 나를 살리신 주의 십자가 자랑하며
살리

Set me free oh -- I'm redeemed oh-- / 십자가만을 자랑하리라

Set me free oh -- I'm redeemed oh-- / 십자가만을 자랑하리라

주님의 십자가 내게 새 생명 주셨네 / 어둠의 모든 저주 끊어 버리고 내게 자유 주셨네

주님의 십자가 내게 새 생명 주셨네 / 하늘의 영광스런 삶을 누리며 주와 함께 사네

주와 함께 사네

5 〈나의 예수님〉(이천 작사/작곡)

나의 예수님 난 주가 필요해요 / 세상 모든 사람은 필요 없다 말해도

난 주가 필요해요 나의 예수님 / 난 주가 필요해요

목마른 사슴 물을 찾아 헤매이듯이 주 앞에 왔어요 / 상한 영혼을 붙들어 주시는

혼자 두지 않으시는 주님의 은혜 내영에 쏟으사 / 내 눈물 변하여 찬송되게 하소서

나의 예수님 난 주가 필요해요 / 세상 모든 사람은 필요 없다 말해도

난 주가 필요해요 나의 예수님

6 〈송축하라〉(이천 작사/작곡)
송축하라 하나님 송축하라 하나님 / 모든 죄를 사하시고 모든 병을 고치셨네
나의 소원 좋은 것으로 만족케 하사 / 내 청춘을 독수리같이 하셨네
내 영혼아 송축하라 주님을 송축하라 / 나의 힘이 되신 나의 생명이신 하나님을 송축하라

7 〈포기하지 않는 사랑〉(이천 작사/작곡)
변함없으신 주 경배 드리네 / 내 영혼의 구세주 변함없으신 주 경계 드리네
날 위해서 죽으신 분 십자가 그 위에서 아픔과 고통을 / 날 구원하시기 위해 참아 내신분
주님만 바라보는 자 주님만 믿고 사는 자 / 예수님 영원히 붙드시네
포기하지 않는 사랑 난 감사하네 / 다시 일어설 수 있는 은혜 주시네
신실하신 주 사랑 내 영혼 붙드시네 / 영원한 내 피난처 되신 주

8 〈New Leader〉(이천 작사/작곡)
두렵지 않네 이 땅 가운데 어둠이 가득하다 해도 / 전능하신 주 우리들에게 승리를 약속하셨으니
낙심치 않네 이 땅 가운데 평화가 사라졌다 해도 / 신실하신 주 우리들에게 회복을 명령하셨으니
주가 우리와 함께 시작하셨으니 / 그가 또한 역사를 이루시리라
나 두렵지 않네 이 땅 위에서 어둠을 깨고 일어나리라 / 여호수아처럼 마음을 지켜 다시 담다함을 가지리라
난 낙심치 않네 이 땅 위에서 다시 복음을 외치리라 / 다윗 왕처럼 보좌 앞에서 새로운 소망의 노래 부르리라

9 〈한반도〉(이천 작사/작곡)
이 한반도에 어둠을 버리고 예수님만을 주로 고백하는 / 주님의 교회가 곳곳에 세워져

십자가 사랑을 심었네

이 땅에 다시 소망이 있을까 세상 열방은 생각 못했지만 / 그러나 놀라운 사랑의 주님은 열방을 비추는 빛으로 우릴 세우셨네

자 다시 함께 일어나 어둠의 일을 모두 버리고 / 성령안에서 하나되어 주님의 길을 예비하라

자 다시 함께 깨어나 두려움 모두 떨쳐 버리고 / 성령안에서 하나되어 주 다시오심 선포하라 이 땅 위에

이 한반도에 어둠을 버리고 예수님만을 주로 고백하는 / 주님의 교회가 곳곳에 세워져 십자가 사랑을 심었네

백년을 넘어 새천년을 향해 주의 진리를 선포해왔네 / 자신의 목숨도 아끼지 않았던 불 같은 그 열정 그 믿음 우리 맘에 품고

자 다시 함께 일어나 어둠의 일을 모두 버리고 / 성령안에서 하나 되어 주님의 길을 예비하라

자 다시 함께 깨어나 두려움 모두 떨쳐 버리고 / 성령안에서 하나되어 주 다시 오심 선포하라 이 땅위에

10 〈승리하신 예수〉(이천 작사/작곡)

세상을 이기시고 승리하신 주 예수님 / 우리에게 뱀과 전갈을 밟고 모든 원수 이길 권세 주셨네

모든 백성 구원하시고 치유하시려 열방 향해 / 주님의 승리 선포케 하시네

주 승리하신 주 만 왕의 왕 전쟁에 능하신 분 / 주 승리하신 주 만 왕의 왕 온 땅 다스리시는 분

어느 곳이든 우리가 마음 합하여 / 주를 높을 때 구원을 베푸시리

11 〈하나됨〉(이천 작사/작곡)

이 땅 위에 모든 분열이 그치고 / 하나님의 사랑이 나타나도록

내 모든 것을 내어 줄 수 있는 / 하나됨으로 주님 앞에 서리

온 땅 위에 모든 어둠이 걷히고 / 하나님의 사랑이 나타나도록

내 모든 것을 내어 줄 수 있는 / 하나됨으로 주님 앞에 서리

이 땅에 살고 있는 주의 자녀 / 모두가 서로 이해함으로 하나될때

어둡던 이 땅위에 열방 모든 민족가운데 / 주님 나라가 이뤄지리

모두 하나되어 주 앞에 이제 모두 하나되어 / 온 땅 위에 부흥이 일어나기를 함께 기도해요

12 〈내가 사는 동안에〉(이천 작사/작곡)

주의 크신 사랑 속에 살아가길 나 원하네 / 주의 임재 그 속에서 주 만나기를 나 원하네

주님과 상관없이 죄 가운데 있던 내 영혼 / 구원하시려 날 찾아 이 땅에 오신 주

내가 사는 동안에 주님 곁을 떠나지 않으리라 / 날 사랑하는 주님 내가 사는 동안에

나의 주 하나님 항상 내 앞에 모시리 주님만

13 〈Arise〉(이천 작사/작곡)

이 도시는 세상의 모든 것이 모여 있는 곳 / 고향 떠나 광야 같은 생활 외로운 사람들

누구보다 가슴 아픈건 바로 우리 하나님 / 방황하는 사람들을 그냥 두길 원치 않네

주의 백성 일어나 전하라 주의 사랑을 / 주의 백성 일어나 전하라 주의 나라를

제자들을 불러 모아 세상을 구원하시기 위해 / 주의 성령을 부으시네 권능으로 함께 하시네

14 〈Victory〉(이천 작사/작곡)

주와 같은 이 세상엔 없네 감히 맞설 대적은 없네 / 크신 능력의 주님 전능하신 주

크신 능력의 주님 전능하신 주 / 주와 같은 이 세상엔 없네

감히 맞설 대적은 없네 / 크신 능력의 주님 전능하신 주

크신 능력의 주님 전능하신 주 / 예수 나의 영혼의 삶에

늘 이김을 주시는 전능자 승리의 새 노래로 찬양 / 주님의 이름 앞에 어둠의 권세는 무너지네

승리의 새 노래로 찬양

15 〈내 삶의 주인〉(이천 작사/작곡)

주의 사랑을 나는 갈망하네 / 나의 이름을 부르신 주님

내 삶의 주인 나는 사모하네 / 나의 영혼을 당신의 신부로 삼으셨네

나의 평생에 주와 같은 분은 없네 / 주와 같은 분은 없어 오직 예수만 나의 주

나의 평생에 주와 같은 분은 없네 / 주와 같은 분은 없어 오직 예수만 나의 주
나의 있는 모습 그대로 날 품에 안으시는 분 / 내가 기대했던 것보다 넘치도록 나를 사랑하
시는 분

음식문화와 이웃사랑 :

바람직한 음식문화를 위한 성경적 제언

김경진 | 백석대학교 교수

01 문제의 제기

중국의 지하地下 신학교의 강의를 위하여 몇 년 전 여러 차례 중국을 방문한 적이 있다. 그 때마다 그곳의 조선족이나 교포들로부터 들었던 이야기 가운데 하나는 순대 먹는 것에 관한 것이었다. 내용인즉 중국의 일부 그리스도인들 가운데漢族과 朝鮮族 모두 구약성경(레위기 17:10-14[1]))

---

[1] 레위기 17:10-14: "무릇 이스라엘 집 사람이나 그들 중에 우거하는 타국인 중에 어떤 피든지 먹는 자가 있으면 내가 그 피 먹는 사람에게 진노하여 그를 백성 중에서 끊으리니, 육체의 생명은 피에 있음이라 내가 이 피를 너희에게 주어 단에 뿌려 너희의 생명을 위하여 속하게 하였나니 생명이 피에 있으므로 피가 죄를 속하느니라. 그러므로 내가 이스라엘 자손에게 말하기를 너희 중에 아무도 피를 먹지 말며 너희 중에 우거하는 타국인이라도 피를 먹지 말라 하였나니, 무릇 이스라엘 자손이나 그들 중에 우거하는 타국인이 먹을 만한 짐승이나 새를 사냥하여 잡거든 그 피를 흘리고 흙으로 덮을찌니라. 모든 생물은 그 피가 생명과 일체라 그러므로 내가 이스라엘 자손에게 이르기를 너희는 어느 육체의 피든지 먹지 말라 하였나니 모든 육체의 생명은 그 피인즉 무릇 피를 먹는 자는 끊쳐지리라."
레위기 11장-15장까지의 정결 규례는 하나님과의 교제를 위하여 성소(聖所)와 공동체 내의 하나님의 항시적 임재에 대한 관심을 반영하고 있다. 부정(不淨)이란 야웨께서 거하시는 장막과 관련된 것으로, 만일 지켜지지 않으면 야웨를 장막과 공동체에서 떠나도록 만드는 것이다(참고,

이나 신약성경(사도행전 15:20[2])에서 피를 먹지 말라는 규례에 따라 동물의 피가 담긴 순대를 먹어서는 안 된다고 주장하는 이들이 있는데, 이들은 자신들만 순대를 먹지 않는 것이 아니라, 그것을 먹는 자들을 성경 말씀을 범하는 죄를 짓는 것으로 정죄함으로써 교회 내에 적지 않은 갈등을 일으키고 있다는 것이다. 우리가 자주 즐겨 먹는 순대가 서해 바다 건너 편 중국에서 그토록 심각한 신학적 문제가 된다는 것을 알게 되었을 때, 사뭇 놀라움을 금할 수 없었다. 아울러 음식이 신학의 주제가 될 수 있다는 사실이 너무 생경하여 선뜻 가슴에 와 닿지 않았다.

위의 중국 내의 기독교인 사회와는 달리 오늘날 우리 사회에서(기독교인 사회를 포함하여) 무엇을 먹고 안 먹고 하는 것은 전적으로 개인의 기호嗜好에 따른 자유에 달려있다. 그러나 그 자유가 타인에게 피해를 줄 경우에도 계속 허용되어야 하는지에 대해서는 의논의 여지가 있을 것이다. 물론 법을 어기는 경우는 두말할 나위가 없지만, 법 테두리 내에서도 여전히 타인에게 피해를 줄 수 있는 가능성은 있는 것이다. 과연 이럴 경우, 어떠한 처신이 바람직한 것일까?

또한 오늘 우리 사회는 주민들이 식량 부족으로 굶주려 죽어가는 북한과는 판이하게 달리, 오히려 풍요로움으로 인한 부작용이 적잖은 문제

신 14:3-20; Gorden J. Wenham, *The Book of Leviticus* (New International Commentary on the Old Testament; Grand Rapids: Eerdmans, 1979), pp. 161-185; James L. Mays(ed.), *The Harper Collins Bible Commentary* (New York: Harper Collins, 1988), pp. 154-155; cf. C. F. Keil & F. Delitzsch, *The Pentateuch*, vol. I (Commentary on the Old Testament; Grand Rapids: Eerdmans, 1983), pp. 357-372). 그 중 하나가 바로 음식법인 것이다. 이 음식법(kosher)에 대한 보다 자세한 소개를 위하여는, Mary Douglas, *Purity and Danger* (London: Routledge & Kegan Paul, 1966)을 참고할 것. Cf. 왕대일, "정(淨), 부정(不淨)에 대한 가르침과 적용," 『그말씀』 110 (1998), pp. 63-69. 한편 고대 그리스-로마 세계에서의 음식 문화에 대한 보다 자세한 안내를 위하여는, Don R. Brothwell, "Foodstuffs, Cooking, and Drugs," in *Civilization of the Ancient Mediterranean: Greece and Rome*, 3 vols. (ed., Michael Grant and Rachel Kitzinger; New York: Charles Scribners's Sons), 1.247-61을 참고할 것.

2) 사도행전 15:20: "다만 우상의 더러운 것과 음행과 목매어 죽인 것과 피를 멀리 하라고 편지하는 것이 가하니." 이 구절은 후에 다시 다뤄질 것이다.

가 되고 있다. 특히 음식 및 음주문화에 있어서 지나친 과소비와 낭비는 많은 사람들의 빈축을 사고 있다. 당연히 절제가 요청되는 상황이지만, 자발적인 참여를 기대하기란 쉽지 않다.

이러한 작금의 우리 한국사회의 현실 및 상황을 고려하여, 이 글에서 필자는 바람직한 음식 문화에 대한 제언을 성경으로부터 도출하되, 이를 특별히 기독교의 기본 덕목 중 하나인 이웃 사랑과 결부하여 제시하고자 한다.[3] 왜냐하면 사랑이야말로 주님께서 구약의 모든 계명을 종합하여 제시한바 율법과 선지자의 강령이자(마 22:34-40) 기독교의 최고의 덕목으로서(고전 13:13), 마땅히 기독교적 삶의 전 영역에 반영되어야 할 가장 핵심적 가치이기 때문이다.[4]

논의의 전개를 위하여 우선 필자는 이제까지 신약성경에서 음식문화가 주로 식탁교제table fellowship란 주제 아래 많이 연구되고 토론되어 왔음을 근거로 식탁교제에 대해 살펴보고, 이어서 신약성경에 기록된 음식문화와 관련된 사건 및 자료들을 분석한 후 그 결과를 이웃사랑과 연결하고자 한다.

이를 통하여 자유 민주주의 사회에서 무엇을 먹고 마시는 문제에 있어 자유가 보장되기는 하였지만, 서로의 행복을 위한 이웃 사랑의 차원

---

3) 사랑을 삶의 실제적 문제와 연계하여 풀이하는 또 다른 좋은 예는 사랑과 정치의 결합이다. 로마서 13장 1-7절까지는 정치적 권위에 대한 순종을 권면하는 내용이다. 사실 바울이 로마서를 기록할 당시의 로마 황제는 젊은 네로였는데, 아직 그에게 공의와 인도주의에 입각하여 다스릴 것이란 희망이 존재했던 시대였다. 그러나 이 말씀을 정권에 대한 맹목적인 복종을 가리키는 것으로 이해하는 것은 큰 오해가 아닐 수 없다. 그러한 해석은 문맥에서 이탈된 매우 부자연스런 결과이다. 이 말씀은 원수를 사랑하는 권면(롬 12:19-21)과 율법의 완성으로서 사랑을 실천하라는 권면(롬 13:8-10) 사이에 위치하고 있다. 이러한 문맥을 고려할 때 이웃이 그릇된 정치 권력에 의하여 고통을 당하고 있다면 그들을 도울 목적으로 정치에 간여하여 잘못을 시정하는 것은 오히려 진정한 이웃사랑의 실천인 것이다. 그러므로 사랑에는 이웃을 향한 정치적 책임도 포함되는 것이다(Cf. 알렌 버히, 김경진 역, 『신약성경 윤리』(서울: 솔로몬, 1997), pp. 253-255).

4) 롬 13:10 = "사랑은 이웃에게 악을 행치 아니하나니 그러므로 사랑은 율법의 완성이니라"; 약 2:8 = "너희가 만일 경에 기록한 대로 네 이웃 사랑하기를 네 몸과 같이 하라 하신 최고한 법을 지키면 잘하는 것이어니와."

에서 나보다는 남을 먼저 고려하는 태도가 바람직한 음식문화의 정착에 긴요緊要함을 일깨우고자 한다.

02 유대 음식법과 신약성경

기실 신약성경의 견지에서 음식문화를 논의하기란 결코 쉽지 않은 일이다. 그 이유는, 첫째로, 신약성경이 음식에 대해 특별한 관심을 갖고 기록된 책이 아닌 까닭에 음식문화와 관련된 부분이 많지 않기 때문이고, 둘째는, 설령 있다 할지라도 다양한 상황과 배경에서 간헐적으로 등장하는 부차적인 진술에서 어떠한 일관성 있는 견해를 도출하기가 쉽지 않기 때문이다. 그럼에도 불구하고 신약성경 도처에 흩어져 있는, 이 주제와 관련되어 있는 사건과 교훈들을 함께 참작할 때 신약성경적인 음식문화에 대하여 어떠한 의견을 제시하는 것이 불가능한 일은 아니라고 생각한다.

우리의 주제를 다루려 할 때, 우선 떠오르는 것은 '무엇을 먹을 것인가?' 하는 문제일 것이다. 그러나 이 문제에 대한 결론은 신약성경에 이미 내려져 있다고 생각된다. 그 이유는 다음과 같다. 구약성경에 따르면 유대인들은 독특한 음식법kosher을 준수함으로써 자신들의 종교적 정결을 유지하려 하였다(레위기 11장).5) 즉 유대인들은 음식을 정결한 것과 부정한 것으로 구분 짓고 정결한 음식은 취하되 부정한 음식은 멀리하였다. 바로 이런 맥락에서 그들은 율법에 의해 부정한 음식이라고 규정된 음식을 먹는 이방인들과의 식사 행위를 거절하였다. 사실 원리적으로 볼 때, 유대인의 음식법에 따라 이루어지는 이방인과의 식사는 문제가 되지 않았다. 그러나 시간이 흐르면서, 특히 신약 시대에 이르러서는, 그런 원

---

5) J. A. Thompson, *Handbook of Life in Bible Times* (Leicester: IVP, 1992), pp. 156-158.

리가 현실에 적용되는 과정에서 아예 이방인과의 식사 자체가 율법을 범하는 것으로 인식되어 금기시되었던 것이다.[6]

뒤에 자세히 살피겠지만, 이러한 유대인들의 음식문화는 신약 시대에 와서 교회 내 이방인들이 증가하면서 두 그룹, 즉 유대인과 이방인과의 교제에 있어 적지 않은 걸림돌이 되었다. 한 마디로, 음식법은 유대인과 이방인 사이의 분리를 상징적으로 나타내는 신분의 표지Identity Marker 중 하나로 간주되었던 것이다.[7] 그런데 복음서의 기록에 따르면, 주님은 유대인이었지만 유대인의 음식법을 따라 음식을 가려먹지 않았음을 보게 된다. 이에 대한 몇 가지 예를 복음서에서 우리는 발견할 수 있다.

첫째로, 공관복음의 기록에 따르면(마 9:9-13; 막 2:13-17; 눅 5:27-32), 주님은 세리稅吏 마태를 제자로 부르신 후 그의 집에 들어가 마태의 동료들인 세리들과 그밖에 다른 죄인들과 함께 식사를 하게 되었다. 그러자 이를 못마땅하게 여긴 바리새인들이 주님의 제자들에게 항의

---

6) John Ziesler, *The Epistle to the Galatians* (Epworth Commentaries; London: Epworth, 1992), pp. 17-20. Cf. James D. G. Dunn, *The Theology of Paul's Letter to the Galatians* (NTT; Cambridge: University Press, 1993), pp. 72-80; John M. G. Barclay, *Obeying the Truth; A Study of Paul's Ethics in Galatian*s (Edinburgh: T & T Clark, 1988), p. 168. 갈라디아서 2장 14절 이하에 기록된 안디옥 사건은 식사와 관련되어 발생한 종교적 스캔들이었다. 사도 베드로는 이방지역인 안디옥에서 거리낌 없이 이방인 그리스도인들과 식사를 나누었다. 이런 행동이 우연한 것이 아니라 습관적이었음은 12절의 "함께 먹다가"(sunēsthien)가 미완료동사인 데서 찾을 수 있다(ibid., 20). 그런데 식사 중에 예루살렘에서 내려 온 유대인들이 들이닥치자 슬그머니 자리를 피해 도망갔다. 이방인들과 함께 식사하는 것이 유대인들에게는 율법을 어기는 것으로 간주되기에 저지른 실수였던 것이다. 당시에는 애찬과 성찬이 함께 이루어졌기에 이 사건 이후로 안디옥에서는 유대인과 이방인 그리스도인들이 함께 식사하는 것이 어려워졌을 것이고, 그렇다면 결국 교회가 유대인 교회와 이방인 교회로 둘로 쪼개어질 수밖에 없었던 것이다. 그리하여 후배 사도인 바울이 복음의 진리를 따라 처신하지 않은 큰 사도인 베드로를 여러 사람들 앞에서 면책하게 되었던 것이다.

7) James D. G. Dunn, Jesus, *Paul and the Law; Studies in Mark and Galatians* (Louisville, Kentucky: Westminster/John Knox Press, 1990), pp. 191-192: "It is clear, in other words, that just these observances(circumcision, kosher[abstention from pork], and sabbath) in particular functioned as identity markers, they served to identity their practitioners as Jewish in the eyes of the wider public, they were the peculiar rites which marked out the Jews as that peculiar people."(ibid., 192)

하였다: "어찌하여 너희 선생은 세리와 죄인들과 함께 잡수시느냐?"(마 9:11b) 당시 유대인들은 세리를 이방인처럼 취급하였고(참고, 마 18:17), 또한 여기서 죄인hamartōlos이란 표현은 유대 율법에 어긋난 삶을 사는 이들을 총칭한 것으로, 이를 테면 창기와 같은 이들을 가리킨다. 따라서 바리새인들의 눈으로 볼 때 율법을 거슬려 사는 더러운 자들과 함께 주님이 식사를 함께 나누는 것은 곧 율법을 어기는 것이고, 따라서 이는 이스라엘의 선생으로서의 올바른 처신이 아니었던 것으로 그들에게 비쳐졌던 것이다.8) 이에 대해 주님은 "건강한 자에게는 의원이 쓸 데 없고 병든 자에게라야 쓸 데 있느니라"(마 9:12)고 말씀하시며, 세리와 죄인들과의 식사를 오히려 변호하였다. 여기서 우리는 음식이 율법 준수의 기준이 될 수 없음을 깨닫게 됨과 동시에 구약의 음식법이 주님이 가져오신 새로운 시대에 더 이상 유효하지 않음을 발견하게 된다.9)

둘째로, 마가복음 7장(마 15:1-20)에 따르면, 주님의 제자들이 손을 씻지 않고 음식을 먹는 일로 인해 바리새인들과 논쟁하는 장면이 나오는데, 그 결론에 이르러서 주님은 밖에서 들어가는 음식은 "마음에 들어가지 아니하고 배에 들어가 뒤로 나감이니라"고 말씀함으로써 "모든 식물을 깨끗하다"고 선언하였다고 마가는 기록하고 있다(막 7:19). 이렇게 말함으로써 주님이 당시에 엄연히 지켜지고 준수되고 있던 유대인의 음식과 관련된 모든 성문법을 폐지한 것으로 마가는 소개하고 있는 것이다.10) 마가복음에만 기록되어 있는 이 말씀은 독자 및 청중이 유대 율법과는 관계없는 이방인들로 구성된 마가의 공동체에게는 매우 시의적절한 교훈으로 생각된다. 다시 말하면, 주님이 가져오신 새 왕국 아래서 이 음식법의 폐지는 유대인과 이방인 사이의 분리의 장벽을 허물어버림을

---

8) Bruce J. Malina & Richard L. Rohrbaugh, *Social-Science Commentary on the Synoptic Gospels* (Minneapolis: Fortress, 1992), p. 83.

9) Cf. 버히, 『신약성경 윤리』, p. 180.

10) Malina & Rohrbaugh, *Social-Science Commentary*, 168; Wenham, *The Book of Leviticus*, 162; Thompson, *Life in Bible Times*, 156; 버히, 『신약성경 윤리』, pp. 172-173.

뜻하는 것으로써,11) 당시에는 가히 혁명적 선언으로서, 메시아의 도래到
來로 인해 시작된 새 시대의 특징을 제대로 반영하는 것으로 이해된다.
그리고 이런 맥락에서 주님은 거리낌 없이 이방인, 세리 및 죄인들과 어
울려 음식을 나누었으며, 이런 모습은 바리새인들과 서기관들을 분노하
게 만들었던 것이다.12)

셋째로, 사도행전 10장에서 나오는 베드로의 회심回心 이야기 역시
이러한 배경에서 이해될 수 있을 것이다. 환상 가운데 베드로가 하늘에
서 내려온 보자기에 담긴 "땅에 있는 각색 네 발 가진 짐승과 기는 것과
공중에 나는 것"(행 10:12)을 잡아먹으라는 주님의 명령에 거역하자, "하
나님께서 깨끗케 하신 것을 네가 속되다 하지 말라"(행 10:15)고 주님이
재차 명령한 것 또한 유대인 음식법의 폐지를 가리키는 것으로 볼 수 있
다.13) 결과적으로 신약시대 이후로 유대적 음식법kosher은 더 이상 유효

---

11) Dunn, Jesus, *Paul and the Law*, pp. 37-38; Wenahm, *The Book of Leviticus*, p. 171.

12) 복음서에 그려진 예수님의 행동, 즉 kosher의 폐지와 죄인들과의 식탁교제에 대한 보다 자세한
설명을 위하여 다음의 논문 및 문헌들을 참고하기를 바란다: Robert J. Karris, "The Theme
of Food," in *Luke: Artist and Theologian* (New York: Paulist, 1985), pp. 47-78; Scott Bartchy,
"Table Fellowship," *Dictionary of Jesus and the Gospels* (Downers Grove, Ill.: Inter-Varsity Press,
1992), pp. 796-800; Dennis Smith, "Table Followship as a Literary Motif in the Gospel of
Luke," *JBL* 106(1987), pp. 613-638; Kathleen Corley, *Private Women, Public Meals: Social
Conflict in the Synoptic Tradition* (Peabody, Mass.: Hendrickson, 1993); Jerom H. Neyrey, "The
Idea of Purity in Mark," In *Social-Scientific Criticism of the New Testament and Its Social World*
(ed. John H. Elliot; *Semeia* 35; Decatur, Ga.: Scholars Press, 1986), pp. 91-128; "Symbolism
in Mark 7," *Forum* 4(1988), pp. 63-92; "Ceremonies in Luke-Acts: The Case of Meals and
Table Fellowship," In *The Social World of Luke-Acts: Models for Interpretation* (ed. Jerome H.
Neyrey; Peabody, Mass.: Hendrickson, 1991), pp. 361-87; Halvor Moxnes, "Meals and the
New Community in Luke," *SEÅ* 51(1987), pp. 158-67.

13) 물론 사도행전 본문에서 그 음식들이 상징하는 것은 고넬료를 대표로 하는 이방인들이었다.
즉 이방인들에 대한 베드로의 부정적인 편견을 시정하고자 하는 주님의 의도를 베드로는 미처
깨닫지 못하고 거절하였는데, 나중에 그 의미를 깨닫고는 이방인을 포용하는 하나님의 사랑을
시인하기에 이른다: "…내가 참으로 하나님은 사람의 외모를 취하지 아니하시고, 각 나라 중
하나님을 경외하며 의를 행하는 사람은 하나님이 받으시는 줄 깨달았도다." (행 10:34-35)
따라서 여기서는 이방인 고넬료의 회심도 중요하지만 동시에 이방인에 대한 편견을 교정하는
베드로의 회심 또한 중요한 것으로 나타난다(I. Howard Marshall, *The Acts of the Apostles*

하지 않게 된 것이고, 따라서 오늘날 신약 이후의 우리들 역시 음식과 관련하여 구약성경의 규례에 더 이상 제약을 받지 않고 살고 있는 것이다.

　결과적으로, 무엇을 먹느냐 하는 것이 해결된 문제라면, 그 다음 우리의 관심이 되는 것은 '그러면 어떻게 먹을 것인가?' 하는 문제일 것이다. 신약성경은 상대적으로 이 문제에 대하여 많이 다루고 있다. 물론 조리 cooking에 관한 것은 아니다. 음식을 먹되 어떠한 마음가짐으로 먹어야 하는 것과 관련된 음식문화를 언급하고 있는 것이다. 그러면 과연 신약적 음식문화는 무엇인가? 다시 말하면, 신약성경에 따른 올바른 식생활 문화는 어떠한 것인가? 이 주제를 다룸에 있어서 나는 신약성경에서 음식문제를 다루고 있는 대표적인 세 경우를 언급하고 거기서 얻어진 결론을 이웃사랑과 연결하면서 우리 사회에 적용하는 것으로 이 글을 전개하고자 한다.

03 예루살렘 공회 혹은 사도회의

　초대교회가 직면했던 심각한 문제 중 하나는 유대 그리스도인들과 이방 그리스도인들 사이의 관계였다. 사실 이 문제는 신약 시대 전반에 걸쳐서 모든 교회의 문제이었다.[14] 전통적으로 율법 없이 자유롭게 살아온 이방인들이 율법적 전통 속에 살아온 유대인들과 한 교회 내에서 교제하게 되었을 때 겪었던 불편은 한두 가지가 아니었을 것이다. 그 중 하나가 바로 식탁 교제table fellowship였다. 이방인들은 아무런 거리낌 없이 모든 식물食物을 자유롭게 먹고 마셨지만, 엄격한 음식법kosher을 지켜온 유대인들은 정한 식물과 부정한 식물을 철저하게 가려서 취하였다. 이로 인하여 유대 그리스도인들이 양심의 가책을 받으면서 두 그룹 사이의 교

(Tyndale New Testament Commentaries; Leicester: IVP, 1986), p. 182).

14) 버히, 『신약성경 윤리』, pp. 238-241. Cf. John Ziesler, *Pauline Christianity* (Oxford: University Press, 1992), pp. 115-116.

제에 불편이 야기되었으며, 게다가 일부 유대주의자들의 무리한 공격이 가세하면서, 결국 이 문제는 예루살렘 공회 혹은 사도회의의 소집을 초래하게 되었던 것이다.

이 회의의 배경을 좀 더 설명하자면, 사도행전 15장 1절에서 유대주의자들은 이방 그리스도인들에게 모세의 법대로 할례를 받지 아니하면 능히 구원을 받지 못하리라고 요구하였고, 이 문제가 유대 그리스도인들과 이방인 선교사였던 바울과 바나바 사이에 다툼과 변론으로 발전하자 마침내 예루살렘 공회가 열리게 되었던 것이다.[15] 15장 20절에서 기록된 예루살렘 공회의 결정에 따르면, 이때에 논의되었던 문제 중에는 분명 음식 문제도 포함되었던 것으로 보인다; "다만 우상의 더러운 것과 음행과 목매어 죽은 것과 피를 멀리 하라고 편지하는 것이 가하니."[16] 이 결정에 따르면, 유대 그리스도인들은 더 이상 이방 그리스도인들에게 할례를 주장하지 않는 대신에, 위와 같은 양보를 요구하게 되었다. 모두 네 개의 양보 사항 중 음행을 제외하고 세 개의 조항이 음식과 관련된 것임을 고려할 때 역시 음식 문제가 예루살렘 회의의 주요 안건이었음을 깨닫게 된다. 음식과 관련된 세 가지 양보란 다음과 같다. 첫째, 이방 신제사를 위한 도축에서 나오는 고기를 금하는 것(고전 10:14-22)과 이교 문화적인 축제의 식사에 참석하는 것을 금하는 것. 둘째로, 모세 율법의 규정에 따라 도살하지 않은 짐승에서 얻어지는 고기를 금하는 것(목매어 죽이는 짐승은 피가 밖으로 유출되지 않음으로 몸속에 고여 있게 된다; 레 17:13-14). 셋째로, 피를 먹는 것을 금하는 것(레 17:10-12). 이러한 결정은 교회가 세계화되면서 어쩔 수 없이 수반되는 유대인들과 이방인들의 교제의 걸림돌이 되는 음식문제를 해결하기 위함이었다.[17] 다시 말

---

15) 그러나 예루살렘 공회가 할례만의 이유로 소집된 것은 아니다. 나중에(15:20) 회의 결과 채택된 사도의 칙령(apostolic decree)에 의하면 역시 음식 문제도 포함되었던 것이다(Ziesler, *Pauline Christianity*, p. 134, p. 135.)

16) 한편 갈라디아서 2장 11절 이하에 기록된 안디옥 사건의 경우를 보더라도, 음식 문제는 항상 유대 그리스도인들과 이방 그리스도인들 사이에 긴장과 갈등의 요소였음이 분명하다.

하면, 복음의 근본 진리는 확고하게 붙들되 그 적용에 있어서는 신앙의 동료들을 배려하여 처신할 것을 요청한 것이다.

04 고린도 교회

고린도 교회는 분당과 파당이 있는 신앙공동체로 알려져 있다. 고린도전서 1-3장에 의하면, 그러한 분당은 아볼로와 바울 사이의 신학적 차이에도 한 이유가 있었을 가능성도 없지는 않지만, 그보다는 고린도 교회 내부의 기득권층 사이의 권력다툼에서 비롯되었을 것으로 추정된다.[18] 이러한 고린도 교회의 분쟁의 한 요인이 되었던 것이 바로 음식문제였다. 물론 이 때 음식이란 우상제사에 사용된 제물용 음식으로서, 제사 후 시장에 내다 판 고기를 사서 먹어야 되느냐 안 되느냐, 혹은 친구의 집에 초청 받아 갔을 때 우상에게 제사로 드린 음식을 먹어야 되느냐 안 되느냐 하는 것이 질문의 초점이었다(고전 8:1-13; 10:14-33).[19]

이 문제에 대하여 사도 바울은 우상은 "세상에 아무 것도 아닌 까닭에"(고전 8:4) 설령 우상에게 드려진 제물이라고 할지라도 먹던지 안 먹던지 그것은 결코 문제가 되지 않는다고 말한다. 문제는 우상의 제물 먹는 것을 결국 우상 숭배에 참여하는 것으로 아는 연약한 자들의 양심인 것이다. 따라서 사도 바울은 우상이 아무 것도 아닌 까닭에 우상 제물을

---

17) 김경진, 『성서주석 사도행전』 (서울: 대한기독교서회, 1999), pp. 322-331; cf. Marshall, *Acts*, pp. 242-247.

18) John Calvin, *The First Epistle of Paul the Apostle to the Corinthians* (Grand Rapids: Eerdmans, 1959), 8; Gerd Theissen, *The Social Setting of Pauline Christianity* (Edinburgh: T & T Clark, 1982), pp. 54-59.

19) 당대의 평민들의 식사 관습은 주로 곡식이었으므로, 여기서 언급되고 있는 고기(meat)는 분명 부자들에게 해당되는 문제로 볼 수 있다(Theissen, *The Social Setting of Pauline Christianity*, pp. 128-129).

먹는 것이 가능하기는 하지만, 그럴 경우 연약한 자들의 양심에 걸림이 됨으로써 그들이 실족하게 되면 이는 곧 그 약한 자에게 죄를 짓는 것이고, 그것은 더 나아가 그리스도에게 죄를 짓는 것이 되는 것이라고 주장한다(고전 8:7-13). 이런 맥락에서 사도 바울은 "모든 것이 가하나 모든 것이 유익한 것이 아니요, 모든 것이 가하나 모든 것이 덕을 세우는 것이 아님"(고전 10:23)을 강조한 것이다.

아울러 고린도 교회에서 음식 문제를 다룰 때 빼놓을 수 없는 것이 성찬과 애찬의 문제이다(고전 11:17-34). 고린도 교회 내에는 예배 시 일찍 와서 자기의 식사를 먼저 먹을 만한 부자들이 있었는가 하면, 또한 아마도 직업상의 이유로 예배 시 일찍 올 수 없을 뿐만 아니라 자기 식사를 가져올 수도 없는 가난한 이들도 있었던 것으로 보인다.[20] 하나의 단적인 예를 들자면 노예나 가난한 해방노예freedmen들이 이 부류에 속한다고 하겠다.[21] 아마도 그들은 집이나 일터에서 자기의 일을 다 끝내고 오느라 예배에 일찍 올 수가 없었을 뿐만 아니라, 자기 몫의 재산이 없거나 또는 가난하였던 까닭에 매 예배 때마다 자기 식사를 가져올 수 없었을 것으로 여겨진다. 이런 이유로 인하여, 자기 자신만이 아니라 가난한 형제들의 몫까지 가져올 것이 기대되는 부유한 신자들은 먼저 와서 가져온 음식을 나누지 않은 채 전부 다 먹고 취하게 되었던 반면에, 일찍 올 수 없었을 뿐만 아니라 자기 음식을 가져올 수 없었던 가난한 신자들은 굶주리게 되었던 것이다(고전 11:21).

일반적으로 알려진 대로, 초대 교회 때에는 공동식사[22]와 성찬예식

---

20) 이런 까닭에 사도 바울은 고린도전서 11장 33절의 결론에서 고린도 교인들에게 권면하기를, 먼저 왔다고 먼저 먹지 말고, "서로 기다리라"고 당부하였던 것이다. Cf. Ziesler, *Pauline Christianity*, p.72.

21) Gordon D. Fee, *The First Epistles to the Corinthians*, (NICNT; Grand Rapids: Eerdmans, 1987), p. 540; William F. Orr & James Arthur Walther, *I Corinthians* (Anchor Bible 32; New York: Doubleday, 1982), p. 270; William Barclay, *The Letters of the Corinthians* (Philadelphia: Westminster, 1975), p. 101.

22) 이 공동식사(common meal)는 종종 애찬(愛餐; Love Feast, 또는 Agape)이라고 불렸다(Barclay,

이 아직 확실하게 분리되지 아니하였다.[23] 따라서 일반적으로 먼저 공동식사가 있은 후에 이어서 성찬예식이 시행되었다(경우에 따라서는 공동식사 중간에, 심지어는 공동식사 이전에도 시행하기도 하였다).[24] 그런데 교회 성도 중 일부는 배불리 먹고 취한 상태이고, 또 다른 일부는 굶주린 상태인 상황은 음식을 함께 나누지 아니하였으므로 도저히 공동식사라고 부를 수 없었을 것이다. 여기서 한 걸음 더 나아가서, 게르트 타이센Gerd Theissen에 의하면 주의 만찬의 공동체성을 파괴하는 또 다른 요소가 있었다. 타이센은, 고린도 교회에서는, 당시 사회의 일반적 관습대로, 공동식사의 경우 부자와 가난한 자들 사이에 음식의 양量과 질質에 있어서 차이가 있었을 것으로 주장한다. 이를테면, 자기 집을 집회 장소로 제공한 부자들은 보통 사람들보다 많이 먹었을 것이고, 또한 음식의 질에 있어서도, 주의 만찬the Lord's supper이 보통은 빵과 포도주로 이루어지는데 반해서, 자기의 식사his own meal는 부자의 경우 고기와 생선 등이 더 제공됨으로써 가난한 자들의 식사와 구별되었을 것이라고 말한다.[25] 그렇다면 이러한 차별은 평등과 화합을 지향하는 사회적 통합의 도구적 의미를 아울러 담고 있는 주의 만찬과는 어울리지 않는 것이다. 즉 "계급 사이의 특성에서 생기는 사회적 대립에 직면하여 성만찬을 중심에 내세워 보다 큰 사회적 통합"을 이룩하려고 시도한 바울의 의도와는 대립되는 것이다.[26] 따라서 바울은 이런 고린도 교회의 분쟁에 대하여 냉혹한 비판을 가하면서, 이렇게 드려지는 성찬예식을 '주의 만찬'이

Corinthians, 100).

23) 이런 맥락에서, 사도행전 2장 42, 46절의 공동식사는 성찬예식과 연결되어 있다고도 볼 수 있을 것이다; cf. Gerhard A. Krodel, *Acts* (ACNT; Minneapolis: Augsburg, 1986), 93; Marshall, *Acts*, 85.

24) Ben Witherington III, *Conflict & Community in Corinth; A Socio-Rhetorical Commentary on 1 and 2 Corinthians* (Grand Rapids: Eerdmans, 1995), 248; Theissen, *The Social Setting of Pauline Christianity*, pp. 152-153.

25) Theissen, *The Social Setting of Pauline Christianity*, pp. 153-163.

26) Theissen, *The Social Setting of Pauline Christianity*, p. 167.

라 부를 수 없다고 단언한다(고전 11:20). 왜냐하면 주의 만찬은 한 떡에 참예하는 공동적 나눔이 있어야 하는데(고전 10:17),[27] 지금 고린도 교회에는 그것이 결여되어 있기 때문이었다.[28]

　　이러한 목불인견目不忍見의 현상을 목격한 사도 바울은 여지없이 고린도 교회를 책망하였다. 같은 주님을 믿고 섬기는 이들의 모임, 즉 하나가 된 공동체를 교회eklēsia라고 할 때, 부자 교인들의 행태는 결국 한 주님의 형제이자 지체인 가난한 교인들을 무시하고 멸시함으로써 그 연합unity을 깨뜨리는 것이고, 이것은 결국 부자와 가난한 자들이 함께 모여 한 몸을 이룬 하나님의 교회에 대한 도전으로 바울은 해석하였다(고전 10:22). 이런 견지에서 볼 때, 애찬이든 성찬이든 그리스도들 사이에서 음식은 삶을 함께 나누는 것으로 이웃에 대한 사랑과 배려가 전제되어야 함을 가리켜준다고 하겠다.

05 로마 교회

　　애당초 유대 그리스도인들에 의해 세워졌지만(행 2:10 참고), 글라우디오 황제의 칙령에 따라 5년간 추방된 기간 동안에(행 18:1-2) 이방 그리스도인들에 의해 달라진 교회의 모습으로 인해 유대 그리스도인들과 이방 그리스도인 사이에 어려움을 겪고 있었던 로마 교회는 여러 가지 측면에서 두 그룹 사이의 갈등과 알력이 있었고, 이러한 긴장은 급기야 바울로 하여금 로마서를 기록하게끔 만드는 한 요인이 되었던 것으로 보인다.[29] 즉 추방되었다가 돌아온 유대 그리스도인들은 그 사이 교회

---

27) 이러한 종류의 식사를 가리켜 '주의 만찬'이라 부른 곳은 신약에서 이곳이 유일하다(Fee, *The First Epistle to the Corinthians*, p. 539).

28) Witherington, *Conflict and Community in Corinth*, 247; 버희, 『신약성경 윤리』. p. 251. 콘젤만이 바르게 지적한 대로, 바울은 여기서 사실 자선(慈善)의 문제를 다루고 있는 것이 아니라 하나 된 공동체의 일체성에 호소하고 있는 것이다(Conzelmann, *1 Corinthians*, 195).

의 분위기를 이방적으로 바꿔버린 이방 그리스도인들의 무법성을 비난
하였고, 반면에 이방 그리스도인들은 그리스도와 함께 시작된 하나님의
나라를 체험하면서도 여전히 옛 율법과 관습에 매여 있는 유대 그리스도
인들의 편협성을 비난하였던 것이다. 두 그룹 사이에 분쟁의 요인이 되
었던 것 중 하나가 또한 식탁교제와 관련된 음식문제였다.30) 로마서
14-15장은 우리에게 음식으로 인해 야기된 로마 교회의 분열의 문제를
적나라하게 보여준다.

> "믿음이 연약한 자를 너희가 받되 그의 의심하는 바를 비판하지 말라. 어
> 떤 사람은 모든 것을 먹을 만한 믿음이 있고, 연약한 자는 채소를 먹느니라.
> 먹는 자는 먹지 않는 자를 업신여기지 말고 먹지 못하는 자는 먹는 자를 판단
> 하지 말라. 이는 하나님이 저를 받으셨음이니라."(롬 14:1-3)

로마 교회에서도 필경 유대 그리스도인들은 그들의 전통적인 음식
법에 따라 식물을 가려먹었을 것이고, 반면에 이방 그리스도들은 거리낌
없이 모든 식물을 취하였을 것이다. 그로 인해 두 그룹 사이에 알력과 갈
등이 있었을 터인데, 유대 그리스도인들은 아무 것이나 닥치는 대로 먹
는 이방 그리스도인들의 무법성無法性을 비난하였을 것이고, 반면 이방 그
리스도인들은 그리스도로 말미암아 시작된 새 시대에도 여전히 구습舊習
에 젖어 음식을 가려 먹는 유대 그리스도인들의 편협성을 비난하였을 것
이다.31) 따라서 이처럼 음식 문제로 야기된 교회 내의 문제를 해결하기

---

29) 이러한 역사적 배경과 함께 로마 교회의 그리스도인들이 처한 상황에 대한 좋은 이해를 위하여,
Peter Stuhlmacher, *Paul's Letter to the Romans* (Edinburgh: T & T Clark, 1994), pp. 6-8을
참고할 것. Cf. P. S. Minear, *The Obedience of Faith; The Purposes of Paul in the Epistle to the
Romans* (London: SCM, 1971); Ernest Best, *The Letter of Paul to the Romans* (Cambridge Bible
Commentary; Cambridge: University Press, 1967), pp. 5-8; A. J. M. Wedderburn, *The Reasons
for Romans* (Edinburgh: T & T Clark, 1988), pp. 59-65.

30) Paul J. Achtemeier, *Romans* (Interpretation; Atlanta: John Knox Press, 1985), p. 215.

위한 선교 및 목회적 차원의 해결이 로마서 기록의 한 목적이었을 것이다. 그리고 이 문제의 해결로 사도 바울이 제안한 것은 유대 그리스도인이나 이방 그리스도인 중 어느 한 쪽을 지지한 것이 아니라, 상대방의 양심에 따른 판단과 결정을 존중하라는 것이다; "이러므로 그리스도께서 우리를 받아 하나님께 영광을 돌리심과 같이 너희도 서로 받으라."(롬 15:7) 이러한 결론은 결국 음식 문제에 있어서 자신의 주장과 견해를 달리하는 다른 사람의 입장과 처지를 고려하여 처신하도록 당부하는 것이다.[32]

06 우리 시대에의 적용

위와 같은 고린도 교회와 로마 교회, 그리고 예루살렘 사도회의의 교훈을 오늘날의 음식문화 혹은 식생활에 적용한다면, 어떤 결과를 기대할 수 있을까?

무엇보다도 먼저 오늘 우리 사회에서 무엇을 먹고 안 먹고 하는 것은 전적으로 개인의 기호嗜好에 따른 자유이다. 이를 테면 외국인들이 종종 한국인과 한국사회에 던지는 음식과 관련된 비판 중 하나는 보신탕 문제인데, 이 점에 대해서 한국인들, 특히 한국의 그리스도인들 사이에서도 견해는 일치하지 않는다. 즉 이러한 문제는 음식의 섭취 여부에 대한 옳고 그름을 떠나 전적으로 개인의 기호의 차이에 따른 문제인 것이다. 사실 이보다 더 문제가 되는 것은 가끔씩 TV 뉴스나 신문 등에 보도되는바 뱀, 개구리, 굼벵이 등과 같은 소위 혐오 음식과 기타 법으로 금지된 야생 동물을 먹는 일이다. 물론 법으로 금지된 것이라면 당연히 먹

---

31) Stuhlmacher, *Paul's Letter to the Romans*, pp. 219-229; 홍인규, 『로마서; 어떻게 읽을 것인가?』 (서울: 성서유니온, 2001), pp. 20-22, pp. 177-186; 버히, 『신약성경 윤리』, p. 239.

32) Achtemeier, *Romans*, 225: "As verse 7 makes clear, the basis for the mutual welcoming of Jew and Gentile, which makes possible the unity of all peoples, is Christ." Cf. Best, *The Letter of Paul to the Romans*, pp. 153-165.

어서는 안 되겠지만, 법으로 금지되지는 않았다 할지라도 교회 밖 사람들이 부정적으로 생각하는 식물食物의 복용은 그리스도인으로서의 건덕健德을 위하여 삼가는 것이 마땅하리라고 생각한다. 사도 바울의 지적대로, "내 자유가 남의 양심으로 말미암아 판단을 받는 것"(고전 10:29)이 결코 옳지 않기 때문이다.

이와는 별도로 우리 한국교회에서 음식문화를 다룰 때 생략할 수 없는 것이 술, 즉 음주飮酒이다. 사실 같은 기독교회라 할지라도, 교단이나 교파에 따라서 음주에 대한 견해는 동일하지 않다. 어떤 교단에서는 술을 음식의 일부로 간주하여 암묵적으로 허락하는 반면에, 술 취함이 그리스도인으로서 건덕에 도움이 되지 않는 까닭에 일체 불허하는 교단도 있다. 신약성경은 음주가 하나님의 말씀을 어기는 죄라고는 말하지 않는다. 사실 갈릴리 가나에서 열린 결혼 잔치에서 주님은 심지어 물로 포도주를 만들어 주기도 하였다(요 2:1-11). 포도주를 만들어주었다는 것은 하객賀客, 즉 사람들로 하여금 마시도록 하기 위함이 분명하다. 만일 음주가 죄라면 주님은 사람들로 하여금 죄를 짓도록 조장助長한 일을 행한 것이다. 예수님을 배척하는 사람들의 비판 중에 "인자는 와서 먹고 마시매 너희 말이 보라 먹기를 탐하고 포도주를 즐기는 사람이요 세리와 죄인의 친구로다"(눅 7:34; 마 11:19)라는 표현이 있는데, 이에 따르면 주님 역시 포도주를 마셨음이 분명하다. 아울러 사도 바울 역시 자주 나는 위병胃病으로 고생하는 제자이자 동역자인 디모데에게 포도주를 조금씩 쓰도록 권면하고 있다(딤전 5:23).

그러나 한편 사도 바울은 이와는 반대가 되는 것처럼 보이는 교훈을 말하기도 한다; "술 취하지 말라 이는 방탕한 것이니 오직 성령의 충만함을 받으라"(엡 5:18), "이와 같이 집사들도 단정하고 일구이언一口二言을 하지 아니하고 술에 인 박이지 아니하고"(딤전 3:8), "늙은 여자로는 이와 같이 행실이 거룩하며 참소치 말며 많은 술의 종이 되지 말며"(딛 2:3). 아울러 '술을 즐기지 않는 것'은 감독의 조건 가운데 하나이기도 하며(딤전 3:3), 또한 '술 취함'은 하나님의 나라를 유업으로 받지 못할 자의 육체의 일 가운데 하나이기도 하다(갈 5:21).

07 나가는 말

이상의 논의를 종합할 때 음주에 대하여 신약성경은 긍정적인 면에 대해서는 간접적이고 암시적임에 비하여, 부정적인 면에 대해서는 직접적이고 명시적임을 알게 된다. 그렇다면 간접적이고 암시적인 진술에서 오늘날 우리에게 유효한 교훈을 찾기보다는 직접적이고 명시적인 진술에서 찾는 것이 바람직하다고 생각된다. 따라서 설령 음주 자체가 죄를 짓는 것은 아니라 할지라도, 습관적인 음주로 인해 술을 즐기게 되거나, 또는 술에 인 박이거나, 더 나아가 술의 종이 됨으로써 술 취하게 된다면, 이는 결코 성경이 용납하지 않는 모습인 것이다.

이제 결론적으로 그리스도인들의 바람직한 식생활 및 음식문화를 위하여, 이즈음에서 우리는 고린도전서에서 사도 바울이 제시한 권고에 귀 기울일 필요가 있다. 그는 그리스도인에게 먹고 마실 수 있는 양심의 자유가 있음을 인정하고 있지만, 그 자유가 남의 양심에 걸림이 된다면 기꺼이 포기하는 것이 옳다고 가르쳤다: "그러므로 만일 식물이 내 형제로 실족케 하면 나는 영원히 고기를 먹지 아니하여 내 형제를 실족치 않게 하리라"(고전 8:13), "만일 식물을 인하여 네 형제가 근심하게 되면 이는 네가 사랑으로 행치 아니함이라. 그리스도께서 대신하여 죽으신 형제를 네 식물로 망케 하지 말라."(롬 14:15) 오늘날 한국사회에서 여전히 교회 안팎의 많은 사람들은 그리스도인들이 금주, 금연을 비롯하여 매사에 절제의 미덕을 가진 사람들로 알고 있다. 바로 그러한 이들의 '약한' 양심을 위하여서도, 비록 먹고 마시는 것이 죄는 아니라 할지라도, 기꺼이 절제하는 것이 그리스도인의 바른 행실이라고 생각한다. 결론적으로 신약성경에 따른 기독교의 음식 문화란 무엇을 먹든지 마시든지 나보다 남의 형편을 먼저 챙기는, 다른 사람들에 대한 관심과 배려, 즉 이웃 사랑의 연장선상에서 이해되고 시행되어야 하리라고 생각한다.

"고기도 먹지 아니하고 포도주도 마시지 아니하고 무엇이든지 네 형제로 거리끼게 하는 일을 아니함이 아름다우니라."(롬 14:21)